温和收走定做教师

沈丽新 —— 著

中国人民大学出版社
·北京·

目　录

第三辑　如何提高学生的综合素养

第四辑　教师如何自我精进

附　录　我的爱要让学生看见 / 192

代序　教育之外，生活以内

很多年前，我去一所学校听课。课堂上一个男孩每次朗读的时候都几乎声嘶力竭。听课结束，同行纷纷起身，去另外一间教室。唯独我走向那个男孩，对他说："你的发音非常标准，特别棒！但是，以后齐读的时候一定要小点儿声，不然你的嗓子会坏掉。"

我在术后出院的第六天，要返回医院请医生给伤口消毒。在去医院的高架路上，发现了一个非常年幼的孩子在吃力地蹬着自行车。路上车来车往，十分危险。我摇下车窗喊停，他目不斜视，完全不理会我。我在身体十分虚弱的状态下，在与医生约定的时间快到的情况下，做不到不闻不问。于是，我们一边报警，一边打双跳灯，在这个孩子身后占了两条车道——因为他一直在换车道骑车。龟速地行驶了一公里多后，孩子终于从高架路上下来，我们把他截停，强行把他从自行车上抱下来，给他喝矿泉水。这是一个才读幼儿园大班的孩子，一口气喝掉了大半瓶水。我不停地跟警察联系，因为怕警察找不到我们，又要安抚孩子，站在风中等了十几分钟才等到警察赶来，这才放心地去医院。

不久前，去一间教室看护孩子们练习写汉字。在巡视的过程中，我两次蹲下来，趴在两个小朋友的桌子前，拿起桌子上另外的笔，告诉他们："要这样握笔，铅笔要靠在虎口上，写字的时候才不累，才能把字写得又快又漂亮。要慢慢改过来哦！"

这些事情其实不在我的工作范围之内。这些孩子都不是我教的孩子，都在我的教育之外。

但是，他们都是孩子，都跟我们这些成年人生活在同一个时空里。

他们小时候得到成年人如此对待——温暖的、有爱的，他们成年后也可能会这样去对待他们在生活中遇到的陌生的孩子，这与他们做不做教师无关。

在文章或者讲座中，我时常提到有良好教养的成年人。

我常常觉得，教师对学生，其实不可能有那么多甜腻腻的爱，而要时刻保持一个有良好教养的成年人面对儿童时应该有的模样——尊重的、善意的、友好的、关心的、体贴的、专业的……

我参与制定的某所新学校的《不建议的教育教学行为清单》正式定稿，学校让全校教师阅读，并要求执行。内容如下：

不漠视学生的每一次问好，教师要面带微笑热情回应。特别是学生早上到校后，师生相遇时，教师要主动问好和热情回应。放学时要微笑道别。

如果对全班学生都用全称来交流，就不该对自己喜欢的学生用爱称或者昵称。

不建议当着全班同学的面赞美某个学生的容貌，这对其他不漂亮、不帅气的学生不公平。

…………

这份"清单"内容非常具体，非常琐碎。其实，我也怕那所学校的教师们嫌它唠叨。我发给另外一所学校的同行，她看过后说："我要打印全文，贴在办公室的工位上，天天提醒自己，做更好的教师。"这令我安心。因为这些都是常识，都是一个具有良好教养的成年人面对儿童时应该有的模样。而教师是儿童生命里很重要的成年人，也该是他们遇到的最具有良好教养的成年人。

教育没那么远，所有在教育之外的事，其实都在生活以内。愿我们每一位教师，每一个成年人，都在教育内外，做孩子们眼里那个具备良好教养的人，或远或近地陪伴孩子们安心地、顺利地长大成人，长成有教养的成年人。

第一辑

教师如何说，学生才肯听

语言可以很有力量，传递教师的各种要求；语言也可以很有温度，表达教师的各种善意。一个"对学生很有办法"的教师，总能让学生把话听进去，甚至愿意积极配合。

教师如何向学生提要求

在不同的学校，经常遇到教师抱怨学生"纪律不好""不听话"。而且，即便给他换一个班级，他仍然抱怨新班级的学生"也不听话"。甚至经常听到他沮丧地说："运气真不好！总是遇到特别不听话的班级。"

同样，有些教师，不管接手什么班级——即便是传闻中特别"不听话"的班级，师生相处一段时间后，学生也会开始与教师合作。这样的教师，不免招来经常抱怨的教师的羡慕："你运气真好！总是遇到好班级。"

其实，这两种教师之间相差的不是运气，主要是对学生讲话的技巧。后者说的是学生听得懂的话，而前者经常发布一些模糊的指令，学生听不懂教师的指令和要求，自然"不听话"。

教师要说学生听得懂的话。

把抽象的话说具体

学校里有各种场合需要学生排队。比如，出操、去操场或者专用教室上课、去餐厅用餐，以及放学。有的班级，每次整队都能够快速完成，并不需要教师反复强调；而有的班级，每次整队都拖沓，教师还常常在边上声嘶力竭地催促。

有时候，我去教室带孩子们用餐，刚上完美术课，每张课桌上全是各种画具及工具箱。我会简单宣布："请小朋友们马上整理好工具箱，出来排队。我数到十，如果数完还有同学没有把工具箱放入柜子，我就批评他……"然后就缓慢而坚定地数数："一、二、三……"一般数到"八"或者"九"的时候，孩子们大多已经走出教室了。偶有我数完"十"还没有走出教室的孩子，就会受到惩罚：午后不可以和同学们一起玩，只能站在老师身边看小朋友们玩。

有的教师可能只是说："请小朋友们赶快收拾好工具箱，出来排队。"但事实上"赶快"这个词是非常抽象的。谁来确定"很快"或者"太慢"的标准呢？是教师还是学生？对这个抽象的指令，很多学生会一边聊天一边收拾，甚至打闹一番。这对先完成的学生不公平，他们只能无奈地在队伍中等待。至于教师，往往不是倚门等待——那就意味着学生试探到"慢了也没关系"，就是抓狂或者发脾气——那就意味着在向学生示范解决不了问题时候的态度。

而且，教师如果一直继续发布这样抽象的指令，那么学生对教师指令的试探会一再重复。我们要知道，的确有的学生是乐于配合的，他们可以接受不明确的指令。但"个性强的孩子需要多次重复体验你的界限，才能最终学会接受规则是强制性的，而不是可选择性的"[1]。个性强的学生在面对教师抽象的指令的时候可能会说"好的"，接着就会置之不理并且希望教师会忘记。就算他能完成教师的要求，也可能拖拉到最后，并且在教师的一再坚持下才完成。对待这样的学生，教师的要求必须清楚，态度必须坚决。

抽象的指令，往往会导致师生双方出现更多的试探和纠纷。"他们没有意识到，他们的信号由于不清楚和不够坚定，实际上鼓励了他们本想要制止的试探行为。"[2]学生试探的次数越多，教师采用无效方法的次数越多，双方陷入纠纷的次数就越多。这是一个恶性循环。这样的恶性循环会让人感到压力重重并且精疲力竭。

---

[1][2] 麦肯兹.带着爱和宽容给孩子立规矩：培养自由而有担当的孩子 [M]. 张东宾，译. 北京：华夏出版社，2014: 21, 22.

把要求说清楚

信息是否清楚取决于表达是否恰到好处。有的时候，教师目睹学生的不合适行为，很难控制自己的情绪。而情绪失控很容易破坏信息的准确度，从而降低学生跟教师合作的可能性。实际上，重要的不仅仅在于教师说了什么，更在于教师如何去说。对学生来说，教师的语言是非常重要的指导工具。

例如，在教室里，学生飞又往地上扔废纸。他课桌附近的地面经常脏得让人不忍直视。如果老师对他喊："飞，你又破坏班级卫生！你就不能像其他同学一样讲卫生吗？要是我再看见你这样不讲卫生，我会非常生气的。"这段话里包含了老师的各种情绪，唯独没有听到"不要往地上扔废纸"这样清楚的指令。学生只感到老师对他很生气，但是，他肯定已经习惯了老师对他生气，根本不在乎，会继续往地上扔废纸。

如果老师平静地走过去，告诉他："飞，把废纸扔到地上是不对的，我们应该把废纸扔到垃圾桶里。现在请你把废纸捡起来并扔到垃圾桶里。希望你能记住，不要把废纸往地上扔，下次再扔你就放学后独自打扫教室。"这段话里没有羞辱，没有责怪，只是把话说清楚，让孩子明确往地上丢垃圾的行为是不对的，以及再次违规后需要承担的后果。

有时候，学生不跟教师合作是教师表述不清导致的。教师发布指令的时候不需要说太多，但一定要说清楚。

让学生明确不遵守规则的后果

我发现一个有趣的现象：有的教室里，没有教师在场，但是学生能够保持安静，做自己的事情；有的教室里，教师明明在场，而且一遍遍地发布命令："安静！安静！"可学生还是闹成一团。

为什么教师一遍遍地提出要求，学生却一点儿也不遵守？这可能是因为他们经历过一次次的试探后，发现不安静下来也不用承担什么后果。

而教师每一次声嘶力竭地喊"安静"，只是让学生确认，他们不安静下来也没有什么关系。

因此，教师每次发出指令，必须要考虑到班上那一部分喜爱试探教师底线的学生的心理，在发布指令的同时，要说出不遵守指令的后果。无论学生以什么理由不遵守指令，教师必须要求学生承担后果。

例如，每天下午第三节课结束的时间是15:25，可是轮到我们班级放学的时间是15:50。这中间的25分钟我们两个老师常常用来打扫教室，而学生就在走廊里等待放学。我们对学生的要求是：可以聊天，坐着、站着都可以，但别离开你在队伍里的位置；如果离开你就要回到教室。

一开始也有学生兴奋地背着书包在走廊里乱跑，或者在队伍里乱窜。每次发现这样的情况，我总是心平气和地把他请进教室，告诉他："你违反了规则，所以你不可以再和小朋友们一起等待放学。"破坏规则的学生体验了后果，也给旁观的学生再次提了个醒。没过几天，他们对等待放学时"别离开你在队伍里的位置"这个要求就完全能够遵守了。

有的学生天生就是咄咄逼人的调查者，喜爱探究教师制定的各种规则的底线。因此教师宣布规则时，就要给他们提供足够多的信息，让他们知道不遵守规则会带来怎样的后果，避免他们一再试探。

对学生少提道德层面的要求

如果班上的某个学生经常不合作，教师就会产生疑惑："他为什么要这样对我？"其实不管学生多么不听从教师的指令与要求，一般情况下，他们不会恶意地跟教师对着干。

我遇到过一个学生，多次不写英语家庭作业，理由是晚上身体不好，或者语文、数学作业写得太晚。如果我对他生气地说："你为什么语文、数学作业有时间写，英语作业就没时间写？"并因此推断他对我不够尊重，那就是把他的行为上升到道德层面了。

我每次都很平静地告诉他："好的。你身体不好可以不写家庭作业，语文、数学作业写得太晚也可以不写英语作业，但是，这都需要你家长在作业本上签字说明。"然后，我说："昨天的家庭作业本上没有你家长的签字说明。你有两种选择：第一，我打电话跟你父母确认一下你昨天的情况；第二，你补一遍家庭作业。你选哪一种？"十有八九他说"我选二"，偶尔说"打我爸妈电话确认"——那就真的是他身体不好或者语文、数学作业写得太晚了。

在补写了好几次家庭作业后，他不写家庭作业的情况渐渐减少。我并不以为他藐视我的权威，而是理解成他依然在试探。他要亲身体验后，才能相信我的规则是必须遵守的，而不是可以选择的。

在师生相处的时候，教师总是希望学生能够听从自己的指令。但教师要注意，不管是发出指令、宣布规则还是告知惩戒要求，都应该心平气和。不要让学生觉得教师是在发泄情绪，而要让学生理解这些指令、规则或者惩戒都有益于自己成长。

在学生不肯听从指令的时候，教师首先应该自省：要求是否具体？规则是否明确？要求与规则是否适度？……然后做出相应的调整。这样，学生也就会越来越听得懂教师的话，并更好地与教师合作。

静心倾听，读懂学生的心声

经验告诉身为教师的成年人：倾听是很有效的、能帮助他人解决问题的方式之一。家人、朋友之所以可贵，很多时候也就是因为他们愿意花费大量的时间来倾听我们的喜怒哀乐。倾听就是爱。的确，亲朋好友的倾听会让我们说出困扰自己的问题，这有助于我们释放消极的情绪与感受，引导我们探寻心底真正的需求，从而自己梳理问题，最终得到解决之道。

同理，学生也需要被倾听，在家里被父母耐心地倾听，在学校里被教师积极地倾听。很多时候，学生真的不是需要别人给他提出意见、观点或者解决方法，而是需要被专注地倾听。

在倾听学生的时候，教师要注意尽量遵循下面四个步骤。

安静地倾听学生

学生跟教师一开始交谈的时候，教师要注意尽量不提问。刚开始交谈时，教师的提问和探查往往会成为沟通的绊脚石。因为在对学生当下的情况不够了解的前提下，教师提出的问题有可能不着边际，反而会限制与学生的交流。一位民意测验专家说过："问一个人问题，你能得到一个回答，但也许你所得到的仅此而已。"① 教师在学生倾诉以前就自以为是

---

① 戈登.T.E.T. 教师效能训练：一个已被证明能让所有年龄学生做到最好的培训项目 [M]. 李明霞，译.30 周年纪念版.北京：中国青年出版社，2015: 69.

地抢着提问，有可能将谈话内容限制在教师提出的问题上。

因此，当学生出于各种原因找教师倾诉的时候，教师首先要做的就是安静地、专注地倾听。有时候，这种一言不发能够让学生感觉到他真正被接纳，这样他才愿意与教师分享更多。

我所教的一个二年级班级，每天学生在走廊里等待 25 分钟才放学。天气晴好的时候，大家可以站着、坐着，互相交谈、嬉戏。这几乎是大多数学生最喜欢的时间段。可是男生荣每次都站在远离大家的地方，做冷眼旁观状。我一向由着他去，喜欢独处并没有错。反而是荣自己一再找我，说："老师，同学们玩的游戏我都不喜欢。""老师，他们天天玩同一种游戏。""老师，不仅小丽她们女生喜欢玩这个游戏，就是小飞他们男生也喜欢玩这个游戏。"……荣找我谈话的时间一天比一天长起来。

他到底想表达什么？其实他未必清楚。也许他只是想表达一种情绪：在别人觉得热闹、好玩的时间段里他反而觉得很寂寞。他在向我表达的过程中慢慢梳理、认识自己的情绪，我等待他有一天能够梳理清楚自己想要什么。所以，从一开始我就只是微笑着倾听，并不发表意见，也不提出任何建议。

积极地回应学生

学生找教师倾诉的时候，教师保持沉默能够让学生自如地陈述与表达。但是，沉默时间不宜太长，否则就无法让学生感觉自己被倾听。

教师可以在学生停顿的时候，做出一些非语言或者语言回应。比如，身体前倾、微笑或者做其他肢体动作，或者做出类似"啊""哦""我明白""我能理解"的口头回应。这些简短、自然的回应，会向学生表明老师正在专心倾听，会让学生觉得老师对他的话感兴趣，并欢迎他说下去。

因此，后来荣再找我说"同学们玩的游戏我都不喜欢"这种话的时候，我就简单地回应："嗯，我明白。我看到大家在玩折纸游戏。"他很热情地继续说："他们老是折纸。可是我们今天午饭后的休息时间已经玩过折纸了。"我再回应："哦，你觉得他们喜欢折纸。"他觉得自己更被理解了，于是打开话匣子："他们又不会折什么，天天乱折。"……

教师简短的回应，会让学生有如释重负的感觉，而且他会与教师慢慢地亲近。在教师的简短回应下，学生会渐渐地打开心门，去探究自己究竟想要表达什么，想要做什么。

正确地破解学生传递的信息

有些成年人尚且不能很好地表达自己，更何况年幼的学生。学生向教师传递的信息一般基于他们自己的感觉，但他们又很难清楚地表达出这种感觉。因此，教师需要在安静倾听、积极回应后尽快破解学生传递的信息。如果教师不能及时地、正确地破解学生传递的信息，就会向学生传递出非常消极的意思："老师不理解我。"这会导致师生关系出现隔阂或者进一步恶化。

在荣多次放学后跟我聊"同学们玩的游戏我都不喜欢"之后，我认真地帮他破解了心声："我明白了。你觉得同学们玩的游戏很无聊。"他很高兴自己被理解，热切地回应："是啊！是啊！"我继续说道："你觉得天天看他们玩折纸，你很没劲儿。"他更高兴地说："是的！是的！"

教师如果能够准确地破解学生没有能力表达出来的信息，了解到学生内心真正的问题，就会让学生感觉到自己是被理解的。而且，教师的关注点要集中在学生的内在世界，而不是外在情况——教师最好说"你觉得……"，而不是"他们……"，这样才可以帮助学生更好地审视自己对这种情况的感觉。

这种积极倾听后的正确破解，能够开启问题解决的进程，给学生宣泄情绪的机会，并使学生强化这样一个观点：老师是可以倾诉的对象，老师是可以理解自己的人。

及时地指出考虑问题的方向

教师要深信学生最终能自己解决问题。也许一开始，学生自己无法确定问题是什么，更不明白如何去解决，只会找教师闲聊。在这个过程中，教师始终要积极倾听。积极倾听的最终目的就是帮助学生自己找到解决办法——这个过程也许需要几天，也许需要更长时间。

教师在破解学生的问题后，可以表达出理解、同理心等，但仍然要留出一定的空间让学生自行去找寻、探究解决之道。教师不要过于热切地动辄帮学生解决所有的问题，那样，学生将会失去独立解决问题的机会。

当我破译了荣的心声——"在走廊里看同学们玩很没劲儿"后，我给了荣一个考虑问题的方向。我对荣说："也许你可以想想，怎样做可以让自己放学时不无聊。"

他有一种拨开迷雾的兴奋感。其实他描述了那么多，并没有意识到自己真正想要解决的问题是什么。教师专注倾听、积极回应，甚至正确理解他的感受后，他才能毫无疑虑地确定教师的这个提议就是他真正要解决的问题。

过了几天，他高兴地告诉我："我可以站在边上看他们玩，心里也不难过。或者我发明一个不无聊的游戏，组织小朋友们一起玩。"我大赞："真了不起！你自己想到解决的办法了！太棒了！"

又过了几天，他有了新主意："老师，其实我不怎么喜欢和小朋友们一起玩。我想放学时留在教室里帮您和丁老师打扫教室。"我同意了，并叮嘱他："如果哪一天你不想继续帮我们打扫教室，想和小朋友们一起去走廊里玩，也是可以的，只要跟老师说一声就好。"看来他喜欢和两位老师一起打扫教室，喜欢一边劳动一边和我们聊天，合作非常愉快，再没有之前在走廊里等待放学时的百无聊赖。

事实上，学生很难在最初谈话时就真正察觉到困扰他们的实质问题，他们通常会从表面的事情开始谈起。教师要积极倾听，帮助学生揭开表象的问题，再深入真正的问题，并向学生指出考虑问题的方向，让学生自己去解决，这样他们才能更好地成长。

积极倾听不是当学生有问题时教师才从魔术袋里抽出来予以补救的法宝，而是一种特别的沟通方法。积极倾听可以帮助学生从困扰自己的情绪中走出来，它是强有力的工具，能促进学生明确自己的问题是什么，并深入探讨本质的问题，最后能够自行寻求解决之道。

"积极聆听会使师生关系更亲密。"[①] 在教师的积极倾听下，学生更能体验到自我价值和被重视的感觉，会感觉到温暖，而被了解的满足感会提升学生的自尊心。

---

① 戈登. T.E.T. 教师效能训练：一个已被证明能让所有年龄学生做到最好的培训项目 [M]. 李明霞，译. 30 周年纪念版. 北京：中国青年出版社，2015: 93.

让有意义的对话在师生间真正发生

每天放学的时候，拿到班牌的孩子总是到办公室找我："沈老师，请您给我们放学。"然后我就去教室的走廊里，整好队，让孩子们跟教室里的其他老师道别，再带他们下楼，到校门口跟他们挥手道别。

有一次，我在办公室忙着处理一份需要立刻上传的资料，在孩子过来找我放学的时候，我随口问了句："你们现在有几个同学可以放学，并且已经在走廊里排队了？"孩子答："就三个同学。"我顺口回答："我今天比较忙，就不送你们下去了。你们自己下楼吧。"

这个孩子毫不掩饰她的失望，勉强答应后离开了办公室。她的失望，让我委实不安，于是站起身赶往教室。走廊里排队的孩子增加到七个，他们看到我过来都特别高兴。我们下楼的队伍几乎不成形，因为每个孩子都使劲儿往我身边凑，不停地跟我说话。到了楼下，在校门口不远处，我停下来再次给他们整理队形，并问："大家都希望我每天送你们到校门口吗？"孩子们齐声回答："是啊！"我继续问："为什么啊？"他们居然还是异口同声："因为我们想跟您说话啊！"

教室在三楼，从教室到校门口的这段距离其实很短。组织孩子们排队、下楼、到校门口挥手道别，前后最多十分钟。这些时间，就是孩子们这样期待的时间？仅仅因为可以跟我说话？

那一刻，我突然意识到，很多孩子一整天都很少甚至没有机会与教师进行真正意义上的对话。

在课堂上，师生围绕学科内容进行对话。这种对话，一般都目的明确、主题鲜明，有正确和错误之分。这种正式对话在众目睽睽之下进行，还伴随着各种评判——"你说得很好""你说得不到位""你说错了"。课下，很多时候，师生之间简单的交流也仅限于警告或者直接命令。比如，"不要讲话""队伍排好""立正"……这些指令此起彼伏，听不到学生的声音。

在这个时代，生产电视、电脑、手机的厂商都在宣传自己的产品在很多方面可以代替父母或者教师。但事实上，再新奇的产品、再精彩的节目、网络资源或者网上课程，都实现不了"与孩子们真正对话"的功能。教师只有和孩子在一起，真正倾听他们的心声，与他们进行日常对话，同时提高教育孩子的各种技能，才有可能比较好地与孩子维持信任的关系，孩子才有可能长成我们期待的模样。

让有意义的对话在师生之间真正发生，我觉得教师需要秉持一些信念。

对学生心存善意

教师要意识到学生在校园里很少有机会真正与教师交谈，要能体会到学生非常渴望与教师对话的心情，并且不断创造对话机会。只有心存这样的善意，我们才可以做出很多改进。

我不当班主任的班级，如果下一节课是空课，我就会在教室逗留3分钟再走，会有目的地找一两个学生聊天；如果上一节课是空课，我就会提前3分钟到教室去；如果连续两节课都是空课，那么这两节课的课间10分钟我一般都会待在教室里。在活动课上，我尽量去找不怎么喜欢和同学们一起玩的学生聊天。冬季课间跑步的时候，我也会主动与在我身边一起跑步的学生聊天。我会尽最大可能去倾听他们，跟他们一起讨论学业以外的话题，去了解他们的喜好和烦恼。

"我妈妈要生二宝了，我要升级当哥哥啦！""我爸爸最近去了外地工作，周末才能回家，我的作业都是每天写好后拍照传给爸爸，爸爸再给我检查的。""我爸妈都有些不愿意陪我写作业，也不愿意检查我的作业，他们只关心弟弟。"……这样的心声，在课堂上是听不到的。而教师专注地倾听、积极地共情、适当地开导，都能够让学生更好地释放他们身负的压力。

乐于与学生为伴

不是所有的成年人都喜欢和孩子相处，这本无可厚非。但教师则绝对不可以。教师往往是除父母之外陪伴孩子时间最多的成年人，其职业必备素养之一就是乐于与孩子在一起。而当孩子与喜欢并尊重他们的教师进行真正的对话时，他们会有意无意地模仿教师的一言一行，自然地接受教师传递的正确的价值观。

每次因想到"下一节课又要面对学生"而心情烦躁的教师，是很难与学生进行有意义的对话的。即便教师暂时掩饰自己的情绪，但学生的心是明敏的，他们可以毫不费力地感知到教师对他们是喜欢还是排斥。教师只有乐于与学生为伴，尊重并关爱学生，师生之间才有可能真正实现开放、友好、彼此信任的对话，教师才能够触摸到学生的心灵深处。

"我还没有听懂，你可以再说一遍吗？""你的意思是……吗？我好像不是很赞成。""你能举个例子说明你的想法是正确的吗？""你这样的做法有效吗？确认过吗？""我觉得换成……的方法可能更好。""其实，我不怎么赞成你的做法，不过好像事实上很有效。"……我在与孩子们谈话的时候，会比较多地说出这样的句子。我告诉他们我不清楚的地方，试图鼓励他们去寻找证据证明自己的观点，或者告诉他们其他可行的方法，或者认真阐述自己的看法。在此过程中，我都尝试让他们感受到我乐于与他们在一起，认真地倾听他们。那么，他们需要了解的东西：礼貌谈话的规则、倾听的方法、怎样使自己的答案不伤害到他人，等等，或许能在与教师的对话中自然获得。

明确与谁谈话比谈什么更重要

在师生日常对话中，教师要明确在对话过程中参与者本身比对话的主题更重要。因此，教师不必事先想方设法确定对话主题，也许对话并无主题，只是谈论琐事甚至说笑话，但对话的开展本身就具有教育意义。

在与学科知识无关的师生对话中，论据、原则并不重要，教师也没有必要让学生一定要接受教师的观点。只要学生积极主动地与教师对话，教师就能够较好地维持与学生彼此信任的关系。

教师不仅要明确谈什么没那么重要，更要重视吸引与教师交流比较少的学生加入日常对话。大多数学生都希望更多地了解自己的老师，如果他们对老师在学科知识以外的经历、理想、成就等有一定的了解，他们就可能会更加信任老师。

我的一个学生曾对我说："老师，我长大后也要当老师。我要去你的母校读大学，回来做你的同事。"虽然后来她没做教师，但在读大学期间利用假期去支教，圆了自己的教师梦。在教学单词 London（伦敦）的时候，我出示了自己在剑桥大学拍的照片，课后就有学生向我咨询"如何才能去读剑桥大学"等问题。这种日常对话能够为学生打开通往未来世界的大门，提升他们的学习动力。

与学生进行有意义的日常对话，不会影响教师的威信，不会影响教学工作，也不会浪费时间。事实上，只有花时间与学生进行对话，师生才会增进对彼此的了解，教师才会获取学生的信任，教育才有可能真正发生。在家长忙于工作、电视节目丰富、网络资源充沛的当下，家庭对话日渐减少，师生之间进行有意义的对话尤为重要，这有利于学生健康成长。

多一些评价，少一些赞美

时常从教室里听到各种赞美："你真棒！""你真是个好孩子！""你真了不起！"……诸如此类的赞美，有的学生听了会获得暂时的愉悦与满足，但会逐渐依赖。这些学生会渴望并习惯他人的赞美，很难培养自立能力与自律精神。今后他们如果听不到赞美声，则有可能失去奋斗的动力。而有的学生会逐渐对上述赞美免疫，听多了之后，这些赞美便不再能有效地激励他们奋发向上。

而一旦学生听到不符合自己实际情况的赞美，他们有可能会用出格的行为来否定赞美。看过一个案例：10个5岁孩子的生日聚会，大家的表现都很好。老师很满意，于是赞美道："今天每个人都很棒。你们真像天使！"即便是5岁的孩子，他们也知道自己不是天使。他们的潜意识促使他们用具体的行为来修正老师的定义。于是，一场原本美好的生日聚会以一片狼藉结束，师生还各有各的烦恼。

赞美本身无错。在成年人之间，赞美是一种礼貌，可以建立和谐的人际关系。但对成长中的儿童来说，不妨多一些评价，少一些赞美。

多一些对努力程度的评价，少去赞美外表

俗话说"爱美之心，人皆有之"。长相漂亮的学生，容易让成年人产生好感。教师新接一个班的时候，在对学生不太了解的情况下，班上那些长相清秀、英俊的学生，的确更容易被教师关注到。此外，即便五官并不特别好看，但穿着得体的学生，在人群中也是比较出众的。

对于这样的学生，教师在赞美时一定要谨慎，甚至不妨格外"吝啬"

一些。不要轻易开口称赞："你真漂亮！""你的衣服真别致！"这样的赞美有可能让这些学生的品性日渐趋于浮夸，更有可能伤害容貌不出众的学生。漂亮的学生听多了他人对自己容貌的赞美，因为年龄小，有可能以为这是自己的本领，会觉得漂亮是值得骄傲的资本，甚至看不起长相普通的学生。而普通学生则可能因此不自信，甚至自卑。

教师对这些漂亮的学生的评价要基于他们自己的努力。比如："你对同学们和老师微笑的时候真美，因为你很有礼貌。""你上课的时候眼睛很美，因为你很专注，一直看着老师或者课本。""你跳起舞来动作很优美，看得出来你很努力练过基本功。""你的衣服很漂亮，因为到放学的时候，你的衣服上一点儿污渍都没有，保持得很干净。"

在这样评价中长大的学生，通常不会太在意自己的外貌，反而会逐渐领悟到一个人的德行与品性远远重于容颜与衣着，并将之内化为自己的一条人生规则，进而奉行不悖。

多一些陈述性评价，少去赞美能力

在教学中，教师经常遇到各种学习能力出众的学生，他们的成绩经常名列前茅。这些人中的一部分，对自己的成绩或者排名格外在意。对这些学生，教师不要过多去赞美他们的学习能力。"你是我们班的学霸。""你是我们班永远的第一名。""你是我们班的一哥（一姐）。"这种赞美有可能诱发当事人的焦虑："老师对我的期望就是当学霸。如果我下次没考好，老师会不会认为看走眼了？会不会再也不喜欢我了？"如果某次没考好，学生可能会产生"没脸见人""大家都会嘲笑我"等诸如此类的消极情绪，这不利于他们的身心健康。而有的学生心理特别脆弱，甚至可能会走极端。

陈述性评价可以让这些学生减少焦虑，并愿意继续努力。比如："这道题特别难，你解答得完全正确。可见你花了不少精力，融会贯通，理解透了这个知识点。""这次英语卷上的阅读理解题中生词不少，你全部答对了。可见你的课外积累非常丰富。"……

这种具体的陈述性评价，能够帮助学生总结自己的优势或者长项。他们因此更加了解自己，从而保持不断向上的动力。更重要的是，学生知道，教师对他们的评价，并不取决于他们能力的高低。

多一些对特定行为的评价，少去赞美品性

在与学生相处的过程中，教师通常能发现班上比较突出的一种学生——他们愿意为大家服务。有时候即便自己作业没写完，只要教师问一句："谁去倒一下垃圾？"他们会立马举手申请。如果是为教师服务，他们就会更加神采奕奕。

对这些学生，如果教师经常赞美："你真是我们班的'小雷锋'！""你真是助人为乐的小标兵！"他们有可能受这些赞美的影响，而把自己必须完成的事和有空时为大家做些服务工作的事本末倒置。他们有可能特别迷恋"小雷锋""小标兵"这样的标签，而渐渐忽视自己必须完成的事。有时候，他们甚至不能容忍自己"不雷锋""不标兵"，四处打探如何更好、更多次地成为"小雷锋"和"小标兵"。他们偶尔对服务性工作犯懒一回，内心就可能谴责自己。

因此，教师要尽量不把学生的行为定义成各种品性，少赞美"你真勤劳""你真是乐于助人"，而是对特定行为多一些具体的评价。比如，"谢谢你帮我去办公室拿了作业本，让我省了来回奔走的时间，这样我就可以把同学们的这套作业批完"。或者"谢谢你在写好作业后帮值日生擦了黑板，他作业还没来得及写。你帮助他解决了刚才的困难，他心里就不着急了"……

对于特定行为，教师最好只是评价学生的努力和结果，以及产生的正面影响，不要据此判断学生有什么样的品性并去赞美。只有对这样的特定行为的评价积少成多之后，学生才会渐渐地在内心学会自我评价。

多一些建设性评价，少去赞美并不成功的结果

在初次学习写字、画画、各种乐器或者球类运动的时候，特别聪慧的孩子的确有，他们学什么都是立马有模有样，但更多的孩子则需要在反复练习之后才能渐渐进入佳境。这时，教师要多给一些建设性评价，不要过于夸张地去赞美并不成功的结果——那可能会让孩子自我膨胀，不了解自己的真实水平，从而停滞不前。

三年级的孩子初次学写英文句子，状况百出：不是忘了句子的第一个字母要大写，就是没注意到词与词之间要空一个字母的距离，或者把句号写成中文句号。即便这三点都注意到了，还有错误——句子中的单词拼写有误。所以，要把句子写正确，是一件比较困难的事情。基于这样的情况，我会耐心地带着他们慢慢练习。

有些性急又自我感觉良好的孩子，趁我巡视经过他们身边的时候，就主动拿起作业本向我"邀功"："老师，看看我写的句子！"其实，这些孩子塞给我看的作业往往真正优秀的很少，有的甚至惨不忍睹。基于他们的年龄特点、心理特点，这时候教师给予比较夸张的表扬与赞美往往可以让他们高兴一时，并在他们心中增加教师的魅力指数。但为了他们的长远发展，建设性评价其实更有利于他们继续学习。

"你把字母 t 写得特别规范，而且注意到了没有顶格。我特别喜欢你写的每一个 t。但字母 t 跟后面的字母 h 挨得特别近，挤得快合二为一了。是不是把它们分开点比较好？""你的每个单词都写得特别规范，像印刷体一样。只是词与词之间的距离太遥远了，我觉得里面至少放得下 4 个字母。你自己看看？"……教师若这样客观地描述观感，并给出建议，学生就会得到鼓励，可能会心情特别愉快。与此同时，他得到了具体的建议，也就有了努力的方向与动力。

赞美更多地适用于成年人，表示我们看见了对方的优点与长处。而中小学生在成长中，他们各方面的德行与品性尚未稳定，过于泛滥的、

形式化的赞美并不能够帮助他们更好地成长。

教师对学生在学习与活动中流露的各种特质，要敏锐察觉，然后及时评价。这些评价蕴含具体的肯定、赞同以及建议，能够激发学生去自我审视，从而习得各种能力和规则。这样自发习得的能力与规则，远胜于教师的反复说教。

对学生，我们不妨多一些评价，少一些赞美。

换一种方式批评

有的教师面对学生在成长过程中出现的各种不妥当、不正确的行为时，第一反应是直接指出错误并加以批评、指责。这样做不利于培养和增强学生的自我责任意识和自信心。相反，他们很有可能越来越抗拒与教师合作，与教师的期待相悖，甚至越来越不自律。

面对学生各种不合适的行为，教师的处理既可能拉大也可能拉近师生之间的距离，使学生怨恨或信任教师。教师只有与学生建立信任的纽带关系，才能保证学生安全成长——当他们受到诱惑、感到矛盾或者困惑的时候，他们才愿意去听取教师的建议。

很多时候，我们需要换一种方式批评。

描述看到的现象

成长中的孩子总会犯各种各样的错误，教师要接受"孩子就是在不断犯错中成长"的观念，面对他们的错误尽量心平气和，把看到的事情或者问题描述出来，可以给他们一个机会，帮助他们解决问题。

平时我经常提前几分钟到教室，以便准备下一节的课。只要预备铃声响起，孩子们就会迅速收拾好桌面上的其他书本或者作业本，准备好英语书，然后按照我一贯的要求，趴在桌面上闭目休息，以便能够静心敛气上英语课。

但下午上活动课时，因为我要从另一栋楼的其他班级赶过来，时间很紧。等我匆匆跑到教室门口，常常看到一个个小脑袋前后左右晃动，窃窃私语。

预备铃声响过后要趴下休息，等待上课，这个要求是每个孩子都知道的，教师提这个要求的原因大家也都知道，但明知故犯的事情也许每个教师在每间教室里都不断遇见。批评与指责，只能让教师发泄情绪，不一定能够帮助学生巩固对正确行为的记忆。

我常常语气平静地描述我看到的现象："有几个小朋友没有按照规则等待上课。有的没趴下，有的在讲话，还有的小朋友甚至离开了座位。"我只是把事情描述出来，而那一刻，孩子们反而会突然安静下来。事实上，教师描述看到的现象，这一方法最大的优点是避免指责与推卸责任，把每个人的注意力放在目前亟须解决的问题上。

奥地利心理学家阿尔弗雷德·阿德勒提醒我们："成人不要期望儿童的行为不出错，不要期望他们会按照成人成熟的理智来行动，而要意识到，儿童在理解自身的处境时会经常犯错。如果儿童不犯错误，儿童教育不仅不可能，也完全没有必要。"[①] 因此，在学生犯下显而易见的错误的时候，教师最好不要进行直截了当的批评，用描述看到的现象这一方式同样可以解决问题。

表达自己的感受

毫无疑问，有的学生的行为问题确实令教师很难接受，他们给教师和其他同学制造了很多麻烦。对大多数教师而言，纪律问题已经成为日常课堂上最头疼的问题。

美国心理学家托马斯·戈登博士这样认为："教师们太过于依赖惩罚或威胁惩罚、口头的羞辱责备，这些办法都没起到好的作用。利用权力

---

① 阿德勒.儿童教育心理学 [M]. 刘丽，译.海口：南海出版公司，2015: 82.

镇压的手段常会激起抵抗、叛逆、顶嘴。"① 的确如此。

其实教师也可以选择用表达自己感受的方式来替代批评。成年人表达感受的时候，孩子可能会更容易听进去并积极地回应。在学校里，孩子需要听到教师的真实感受。教师可以通过描述自己的感受，以既坦诚又不伤害孩子的方式，教给孩子正确的行为方式，从而引导孩子健康成长。

每次上完英语课，我都不急于离开教室，而是在教室里批改作业，尤其是订正作业。但是，刚下课的教室一开始总是像沸腾的锅，各种热闹与欢乐。即便我努力大声呼唤个别学生的名字，想请他过来订正作业，但总是没法让他听见。

这种情况下，我并不会去厉声斥责学生，而是及时表达我的感受。我会说："我觉得下课后的教室里太吵了，都没法找同学们订正作业了。""我觉得你们这么吵闹，会影响到想看书和订正作业的同学。""我觉得下课想说话、想玩闹的同学到走廊里去比较好。这样就不会影响订正作业、看书、写作业的同学。""我觉得教室就应该是安静读书、写作业的地方，走廊里更适合大家和好朋友聊天、玩耍。"……

以"我……"或者"我觉得……"开头的句子，表明说话人诚恳而坦率地描述自己的感受。虽然这些句子也可能流露出不满的情绪，但没有对孩子进行攻击。因此，孩子还是愿意和教师合作的。他们有的对我赧然一笑，然后到走廊里聊天；有的扮个鬼脸，安静落座；也有的稍稍收敛，把高分贝的嗓音切换到只有身边同学可以听到的耳语……

可见，教师一旦减少使用或者不使用批评这一利器，融洽的师生关系就可能会逐渐建立，而孩子错误的、不合适的行为也可能会逐渐减少。

---

① 戈登. T.E.T.教师效能训练：一个已被证明能让所有年龄学生做到最好的培训项目 [M]. 李明霞，译. 30 周年纪念版. 北京：中国青年出版社，2015: 30.

提出自己的期待

教师每天必须面对的挑战之一，就是让孩子按照我们及社会所能接受的方式去成长。但事实上，每个孩子都自带生命密码来到这个世界，随后来到学校。不是所有孩子都愿意跟教师合作，也不是所有孩子都能够轻易遵循社会既定的行为方式。有时候，教师越是竭尽所能让孩子合作，孩子的反抗甚至对抗言行就越激烈。

我教过一个特殊的孩子，他叫东东，社会化发育明显滞后于同龄孩子，缺乏自律能力。进教室上课，对他来说是一个极其艰难的选择。他知道进教室上课才是正确的，但总控制不住想继续在外面玩的心思。很多时候铃声响了，他就站在教室门口纠结，不断进进出出。我尝试用不同的表达方法请他进教室，常常是鼓励——"进来上课吧"，有时候是催促——"快进教室吧"，也有时候是表达疑问——"你要进来上课吗"。每一次都收效甚微。很多时候都是他妈妈把他押送进教室的。

有一次，我抱着教材、学生作业本、铅笔袋和教鞭去上课，东东又站在教室门口，而东东妈妈正在劝他进教室。我将手里的铅笔袋递给东东说："东东，你愿意帮我把铅笔袋放到讲台上吗？谢谢。"然后我径自走进教室。

很意外，东东也利落地走进教室，把我的铅笔袋放到讲台上。我对他认真地道谢："谢谢你，东东。请回到座位上吧。"他高兴地笑，也很配合地回到座位上开始上课。

即便温和地问"你要进来上课吗"，其实也蕴含批评意味："你该进来上课了，却不进来。"孩子是能够感受到批评的况味的——尽管他不能很好地用语言表达，但他会用不合作的方式来对抗我的询问。而"你愿意帮我把铅笔袋放到讲台上吗"传达的是信任、期待，孩子同样能够敏锐地捕捉到，并愿意配合。

教师清楚而慎重地说明他们的期望时，孩子会更愿意聆听并试着实现教师的那些期望。这样，教师既争取到孩子的配合，又不将自己置于孩子的对立面，能更有效地吸引孩子与教师合作。

过多批评会影响师生关系，而只有师生关系良好，学生才不必花时间去想如何对付教师，才能真正地主动学习。教育现场有各种困难，教师还是要尽量改变批评的方式，有时候可以描述看到的现象，有时候可以表达自己的感受，或者提出自己的期待，从而改善师生关系，让教育真正发生，让孩子更好地成长。

慎说"如果你不懒惰"

教师在日常教学中，经常会遇到一些特别懒惰的学生。他们平时做课堂作业经常拖拉，不做家庭作业也是常事。教师在课间把他们找过来补写作业或者订正作业，他们永远是各种磨蹭，或者懒于动笔。其实，大多数学生的智商显而易见是没有问题的，但长期这样懒惰，做不到温故而知新，可想而知学习成绩有多糟糕。教师找家长面谈时，"他就是太懒。如果他不太懒，就能学得更好一些"这类话不是从教师口中说出来，就是从家长口中说出来。

可是，"他就是太懒"是全部原因吗？学生懒惰背后的原因到底是什么？

加德纳教授告诉我们："懒惰的儿童其实正在享受懒惰的好处。"作为儿童成长的陪伴者，多年的教育现场经验告诉我，孩子能够引起父母和教师较多关注的是两种截然相反的行为。一种是积极行为——孩子各方面都表现良好，得到很多赞美与肯定；另一种就是消极行为——各种不合作、不配合，将很多行为演绎成懒惰，从而引起教师和家长的关注。有的孩子因懒惰而"享受"到来自父母和教师更多的关注，就会继续做出这些行为，并持续用一些懒惰的外在表现来掩饰背后的真相——自信心不足、能力不够、逃避责罚。

也许很多教师和父母看到了孩子懒于写作业的表象。但这个表象的背后，首先反映的是他自信心不足。懒惰是缺乏自信的人的一种自我保护屏障。他不是真的不愿意写，而是怕出错。如果说写作业就像走钢丝，自信的孩子都是勇敢地走钢丝（完成作业），他们知道自己有可能安全地走完钢丝（作业全对），也有可能从钢丝上掉下去（出现错误），但他们不害怕掉下去（接受自己出错的现实），所以掉下去的次数越来越少（作业正确率越来越高）。而那些众所周知的懒于写作业的孩子，他们在行走的钢丝下面拉起了一张保护网（得到各种鼓励和帮助），这样即使掉下去，受的伤害也会大大减轻甚至不会受伤。可见，教师和家长说他们懒于写作业要比说他们不自信给他们带来的伤害小。所以，孩子懒惰的背后通常隐藏着不为人知的"权谋"，这样孩子得到了更多的帮助，但同时也给他们解决面临的问题设置了障碍。

以懒于写作业"闻名"的孩子，其实有时候也在尽力改善自己的处境。他们中的有些人其实知道自己是真的不理解、不懂、不会，但害怕自己的无能被人识破，宁愿顶着"懒惰"的名声，这样就不会被指责"能力不够""不聪明"，甚至有时候还会被认为"如果他不懒，他什么都能干"。其实这会令他暗自窃喜，也就会给他找到自我麻痹的借口——自己只是懒了一些，不是能力不够。就这样，人们越是责备那个懒惰的孩子，就越是正中他下怀。因为责备转移了人们对他能力问题的关注，而这正是他一直期望的。

也正因为他们已经是懒于写作业的孩子，所以不需要背负老师和父母的高期待。他们总表现出一种无所谓的样子——这样就可以不努力。他们即使没有什么成绩，也能在一定程度上得到父母和老师的谅解，甚至受到的惩罚也能大大减轻。

即便老师和父母有时候去惩罚他们，很可能以失败告终。这些看起来懒惰的孩子其实是不自信、能力不够、想逃避责罚的孩子。他们是需要帮助的，而不是被惩罚的——惩罚不解决任何问题。

那么，面对那些看起来懒于写作业的孩子，我们究竟该怎么办呢？

首先，无论是教师还是家长，对他们都要达成共识，坚决不使用"懒惰"的标签。这就避免他们产生自我心理暗示，要鼓励他们独立自主地完成作业。

其次，当他们出现作业拖拉、不写作业的情况时，教师不要批评他们懒于写作业，而应该问清楚原因。比如："是刚学的数学运算法则还没掌握吗？我再给你讲讲。""读后感没写是因为没有课外书吗？我借给你一本。""英语课文没背熟吗？我给你5分钟时间，你再准备一下。"不给他们懒惰的借口，并给予具体又及时的帮助。

最后，深入考察他们的家庭情况。很多懒惰的孩子在潜意识里是用自己的消极行为来换取父母的关注——哪怕这个关注的结果是父母会不耐烦、生气、带来责罚。很多家庭在生了二宝后，家里的大宝就可能出现各种消极行为包括各种懒惰。父母在忙着照料二宝的同时，如果对大宝的呵护、倾听和陪伴不够，大宝就可能以各种消极行为来倒逼父母给予关注。在学龄阶段，他们就可能以懒于写作业的形式，倒逼父母不得不坐在他们身边。但很多父母面对这样的孩子，更多的是责备："你为什么不能让爸妈省心一些？你为什么不能独立完成作业？我还要照顾弟弟（妹妹）呢。"这样的责备只会让大宝更羡慕二宝，更弱化自己的能力，以求父母不得不腾出时间与精力关注自己。这种父母对孩子的关注，对孩子而言并不是愉快的体验。教师要提醒懒于写作业的孩子的父母，省察自己的家庭是否有这样的情况。如果有，需要及时做出调整。把被孩子倒逼的、不得不给予的、消极的关注，转化为积极的、主动的倾听与陪伴。当大宝感受到父母给予自己足够的关注与陪伴时，他在潜意识里会不再要求弱化自己，更有可能希望自己足够强大，能够帮助父母照顾二宝。

总之，教师与父母都要对孩子杜绝"如果他不懒，他什么都能干"这样的假设，让那些从一开始就想以"我只是有些懒惰"为借口而掩饰自己不自信、遮盖自己能力不足的孩子没有机会退缩，更不让他们逃避责罚。而且，教师对懒于写作业的孩子宽容就会伤害到班级里一直埋头努力，但成绩又不够优秀的孩子。有时候，懒于写作业的孩子，得到的表扬甚至比一直埋头努力的孩子得到的还多。因为他们偶尔写一些作业，取得一些微小的成绩，都与他们之前的懒惰形成鲜明的对比，在这样的对比之下，得到表扬就更容易了。而一直勤勉努力的孩子，尽管成绩比懒于写作业的孩子要好得多，但又不够优秀，因此他们很少得到表扬，也很少得到教师的特别关注。长此以往，这会诱发这些孩子中的一小部分，也试图以懒于写作业来唤起教师对自己的关注。

所以，教师要谨慎判断学生是否懒惰。

少用否定句

几乎从出生那天开始，孩子就生活在各种暗示中。父母总觉得自己是善于鼓励孩子的，也常常给予积极暗示："你会画得越来越好的。""你肯定能抓到皮球。"但其实在养育孩子的过程中，他们一不小心就会给予孩子各种消极暗示："你爬不上去的。""你肯定洗不干净的。"孩子们在成长过程中，从父母那儿得到的消极暗示很有可能比积极暗示还多。同样，在教室里各种暗示也一直都在。

孩子很少能够有力量给予自我暗示，他们得到的暗示基本上都是来自家人、教师或者其他人的"外源暗示"。"外源暗示是指别人给予自己的暗示。"[①]从古至今，在世界各地，信仰和文化习俗等一般通过外源暗示发挥作用。

因此，为了孩子的成长，教师不要给予消极暗示，尽量少用否定句。

少发否定指令

教师出于保护儿童安全的需要，经常发布一些指令。比如："不要在走廊里奔跑。""不可以在教室里追逐打闹。""不能不吃蔬菜。""排队的时候手里的伞不应该对着同学。"……

"不要""不可以""不能""不应该"这些否定词语，容易让孩子觉得被管制或者被束缚。越是不被允许的事，孩子们往往越是好奇，也就

---

① 墨菲.潜意识的力量 [M].吴忌寒，译.北京：中国城市出版社，2009: 29.

越想反抗。越轨、出格，常常是因为界限太尖锐。于是，教室里出现了各种违纪现象，教师通常疲于批评或者教育。

其实，教师可以尽量减少使用否定句来发布指令，而改用陈述句。

"走廊里比较拥挤，各个班级的同学都会在下课时间去卫生间。如果你奔跑的话，就有可能撞到别的小朋友。可能你们俩会同时摔倒，很可能导致骨折，不能正常走路呢！"

"教室里桌椅那么多，慢慢走都容易撞到桌椅的角。如果你在教室里追逐打闹，就更容易撞到了！不仅撞疼自己，还会吵到教室里安静看书、写作业的同学。大家对你会有意见的。"

"营养要均衡摄入，尤其要多吃蔬菜和水果。你看某某同学从来不挑食，蔬菜每次都吃完，他的身体就结实，个子就长得很高，跑步也很快。"

"排队的时候，如果你手里的伞对着小朋友，那个小朋友一不小心就会撞到你的伞上，很容易受伤，特别是眼睛。如果你的伞一直对着地面，就不会伤害到小朋友啦！"……

这些具体的指导与要求中，没有明确的"不"，孩子们反而不容易被激发"偏不"的情绪。事实上，少了绝对不允许的禁令，孩子们更愿意去理解、遵守相关规则，会将一些"不可以"内化成自己的信念，并付诸行动。

少做否定评论

孩子会根据教师的指令、评论确定自己的行为是否正确，从而获得自我认知能力。过多的否定评论会让孩子渐渐失去对指令做出正确反应的能力。教师若想学生的状态更理想，应该减少一些惯用的否定性评论。

预备铃响过后，总有孩子在走廊里磨蹭或者争分夺秒地玩闹。教师脱口而出："预备铃响了还在走廊里玩是不对的。"这可能会强化一些孩子预备铃响了还在走廊里玩的行为。教师觉得孩子屡教不改，孩子却非有意对抗，只是下意识的反应。在这种情况下，教师可以去掉否定评论

"不对的"，而是直接提出具体的、正面的要求："预备铃响了就应该回到座位上。"这样才可能更有效地解决问题。

美术课后的教室里，总有一些孩子课桌附近的地面上全是各种碎纸屑或者其他东西。"你附近的地面总是不干净！"这样的评论其实更多反映的是教师在发泄情绪，可能会让孩子在心理上对抗教师，或者因为认同教师的评论而让地面越来越不干净。教师可以摒弃否定评论"不干净"，试着这样说："看来你很喜欢美术课，上美术课时一定很认真、很忙碌。"然后给出具体的指导，并提出要求："但是，你在美术课上的动作幅度需要小一些，别把碎片弄到地上。今天你需要把你桌子附近的地面打扫一下。"这样不仅解决了问题，也传达了教师对孩子的认同。

孩子经常收到否定评论，容易导致自我认知力不足。"你不聪明""你这个技能学不会""你钢琴弹不好""你完成不了这样的任务"……总收到这样否定评论的孩子就渐渐可能真的"不聪明""学不会""弹不好""完成不了"了。教师需要在日常言谈里根除对孩子的否定评论，以免对孩子产生负面影响。

少提"不许"

教师需要用专业的技巧来合情合理地解决教室内外的各种问题，像学生纠纷、作业情况和突发问题。这些问题全都需要教师做出明确而有效的反应，而教师的反应有后续效应，它可能会让学生服从或者反抗、满意或者起争执、承认或者辩解。从长远意义上讲，也可能会影响儿童的行为和人格。因此，教师要放弃对学生的控制，少提"不许"这样的否定要求。

体育课后面的课堂上，如果需要完成作业，很多教师会觉得简直是场噩梦。孩子们的作业本上很容易留下各种污渍甚至小小的黑手印。一方面，学校经常检查孩子们的课堂作业本，"不够整洁"会成为教师工作中的一项失误；另一方面，教师反复强调"不许弄脏本子"对某些孩子而言完全无效。在此种情况下，教师与其提出"不许弄脏本子"，不如提前几分钟到教室，检查一下孩子们的双手，并叮嘱："我觉得你们最好去洗一下手。"这样，问题就解决了。

有的孩子因为各种磨蹭，家庭作业经常写到很晚，甚至来不及完成。他在第二天还会为自己找借口："我先做的数学作业。数学作业很难，花了我很多时间，所以我来不及写英语作业。"显然，教师提出"不许先做数学作业"是毫无意义的。如果教师真这么提了，孩子就有可能当晚只做英语作业而不做数学作业，且很可能已经想好用"英语作业很多，所以我来不及完成数学作业"来答复第二天数学老师的质问。教师要避免提出这种毫无执行意义的"不许先做数学作业"的要求，而要找到问题的实质。教师可以这样对孩子说："我明白了。我觉得你最好重新安排一下你的作业时间。我们来具体讨论一下。"

"不许"孩子这样或者那样，却不真正地帮助孩子寻求解决之道，长此以往，孩子会在内心深处觉得自己是孤立无援的。教师每次想说"不许"的时候，其实可以试试将其改成"我觉得你最好……"，这样在解决问题的同时，也密切了师生关系。

美国心理学家鲁道夫·德雷克斯说过："我们总是在鼓励或者挫败着自己周围的人的信心，并因而在极大程度上增强或削弱着他们正常表现的能力。"①诚然如此。各种冰冷、坚硬的否定句里，很少有鼓励的意义，很难提升孩子的能力。

对孩子使用的否定句越多，他得到的消极的外源暗示就越多。在消极暗示中成长的孩子，他在潜意识里很难把自己定义为一个有力量的人。

教师要慎用否定句。

---

① 尼尔森，洛特，格伦.教室里的正面管教：培养孩子们学习的勇气、激情和人生技能 [M].
梁帅，译.北京：北京联合出版公司，2014: 117.

少用问句，多用陈述句

在写作或者演讲中，使用各种问句对表情达意起到重要作用。

《花儿为什么这样红》（电影《冰山上的来客》插曲），这句话其实只是在陈述句的基础上加了疑问词"为什么"，这样的疑问句不是侧重提问题，而是注重表达感受——花儿很红。这样的表达能够更好地吸引听众。

"什么是路？就是从没路的地方践踏出来的，从只有荆棘的地方开辟出来的。"（鲁迅《生命的路》）这样的设问句能够迅速让读者集中注意力，激发读者的兴趣，增强论辩的力量，引人深思。

"看到那数不尽的青松白桦，谁能不向四面八方望一望呢？"（老舍《林海》）这样的反问句能加强语气，更加生动地描绘出林海树木之多，而且让人心生向往。

但如果在教育现场，教师经常地、反复地使用问句，则可能会让孩子心生畏惧。面对儿童的时候，教师要避免使用问句，而要多用陈述句，尽量把话说得重点明确，简明扼要。

少用疑问句

"当老师忘记孩子们不是成熟的成年人，并期望他们像成年人一样思考和行动时，就是'成人主义'。"[①]"成人主义"给孩子们带来的是内疚

---

① 尼尔森，洛特，格伦.教室里的正面管教：培养孩子们学习的勇气、激情和人生技能 [M].
梁帅，译.北京：北京联合出版公司，2014：93.

和羞辱，而不是支持和鼓励。

"你为什么又迟到"与"明天你跟自己比赛，看看能否在 8 点前到教室。我来当证人"

学生飞飞几乎天天迟到。在与他的家长多次沟通无效后，我问"你为什么又迟到"已经毫无意义。而且，对儿童来说，"为什么"在某种程度上代表反对、失望和不悦。即使单纯的一句"你为什么又迟到"都会让孩子感受到奚落，这对他第二天按时到校没有实际上的帮助。

于是，只要第二天是我早上进教室值班，我就会特意找到飞飞，跟他约定"明天你跟自己比赛，看看能否在 8 点前到教室。我来当证人"。这样一个寻常的行为——按时上学，变成一个可以有胜负结果的比赛，这对小学生来说，还是比较有吸引力的。他如果准时到达，我就会称赞他："真好！你胜过了昨天迟到的自己！"他若还是迟到，我就会提出期待："希望下一次我这个证人能够看到你的胜利。"渐渐地，他的迟到行为略有转化。

"沟通和健康一样都要依赖预防的行为。开明的教师知道不能散播让儿童感到愚蠢、罪恶、激怒和怨恨的信息。他会故意不提可能激发仇恨和反抗的问题或评语。"[①] "你为什么又迟到"，很难唤醒孩子的自尊，更难激发孩子为了维护自尊而改变相关的行为。

"你的铅笔不见了吗"与"你先用这支铅笔"

班上总有几个做事特别磨蹭、一天到晚找东西的孩子。你让他打开书本，他开始找书；你准备全班听写单词，他开始到处找铅笔。在这种情况下，"你的铅笔不见了吗""你找到你的铅笔了吗"，教师提这种问题

---

① 吉诺特. 接受我的爱：老师如何跟学生说话 [M]. 许丽美，许丽玉 译. 北京：中国广播电视出版社，2009：48.

只会影响课堂教学进度，还可能引发教室里的骚动。最简单的方法就是，教师找一支铅笔递过去，并说："你先用这支铅笔。"

教师要学会用经济的办法处理学生的小差错，不该在学生找不到书本和学习用品这种问题上花费大量的时间和心血。教师遇到任何问题都要心平气和，要着手解决眼前的问题，而不是细究过去的责任和其对将来的影响。

少用反问句

"对儿童而言，老师的盘问不是抽象的东西。这些问题对他的生命有具体的影响。儿童遭到敌意的盘问时，就像把他挂在刑架上任人拷打追问一样。"[1]而反问句尤其像盘问，严重阻碍教师与学生有效沟通。教师长期对学生使用反问句，会导致师生之间的关系日益恶化。

"难道还要我再重复吗"与"我再跟大家最后确认一下"

各种活动，比如春游、运动会之前，老师会跟学生明确各种规则。学生由于情绪高昂，很难静心听。老师前面刚说过，中途就有学生不时发问："老师，可以……吗？"老师往往到最后也会心力交瘁。"难道还要我再重复吗？"这样带着情绪的反问句就会脱口而出，而到最后学生可能只记得老师的情绪，却没记住老师强调的内容。

"难道还要我再重复吗？"这种反问句其实带着强烈的情绪："你们理解能力这么差，你们记忆力这么差……"这种表达是有害的，可能会伤害学生的自尊。教师的工作是治疗，不是伤害。"我再跟大家最后确认一下。"这样的表达中有暗示——最后一次讲了，也有提醒——大家再听

---

① 吉诺特.接受我的爱：老师如何跟学生说话 [M].许丽美，许丽玉.译.北京：中国广播电视出版社，2009: 49.

一下，更有温暖的关怀——"我不放心，所以再讲一遍"，学生也就更愿意去认真聆听。

"难道你们不能排好队"与"我们一起来排好队"

现在很多班级的人数多，学生在校园内的整班性行动都需要排队行走。很多学校也把"队伍是否整齐"列入班级常规管理考核内容。于是，经常能够听到班主任在整队："难道你们不能排好队？"

反问句的攻击性较强。"难道你们不能排好队"传递的是浓重的批评与指责意味，在某种程度上也在推卸班主任的整队责任，无形中在向学生示范如何推卸责任。而"我们一起来排好队"，则表明教师觉得排好队是教师和学生共同的责任。这句话传达了尊重，维护了学生的尊严。

少用设问句

学生在校期间会不断地犯错。当他们犯错以后，我们只有把过错用陈述句描述出来，告诉他们该怎样规避犯错，他们才会容易接受教师的批评，并及时修正或者调整。而教师如果使用设问句，话语也许掷地有声，却并不能帮助学生正确对待他们犯下的过错。

"这是谁的试卷？哦，是×××的试卷"与"×××对这道题理解错了"

教师在讲评练习册或者试卷的时候，常常细致到逐题讲评，甚至逐个学生讲评。在讲到错题的时候，有时候为了强调，会顺手抓起试卷，自问自答："这是谁的试卷？哦，是×××的试卷。"这句话可能会让学生感到害怕。

"×××对这道题理解错了。"这句话就充满了教师对学生的温情。同样在强调错题，它很好地传达出教师期待学生关注错题和不再犯同类错误的善意。

"你们知道昨天是谁最后一个离开教室的吗？是 ×××"与"×××，你忘了关教室的门窗"

到了小学高年级，打扫教室可以由值日生完成，教师不必全程在边上监督了。但学生毕竟只是孩子，有时难免犯错。比如，忘了关教室门窗。如果当天晚上下雨，第二天早上教室就会一片狼藉。这个时候，教师若问："你们知道昨天是谁最后一个离开教室的吗？是 ×××。"这句话可能只会让学生内心充满恐惧，或者对教师充满情绪。

而"×××，你忘了关教室的门窗"则只是温和地指出事实。这样的陈述句，能够让学生反省自己的失误——忘了关门窗，也会去提醒自己，以后如果最后一个离开教室，要注意关好门窗。

教师说话的态度与所说的内容同等重要。正面的信息比指责更容易让孩子接受。我们把正面的信息提供给孩子，孩子通常就会知道该做什么。只要教师在表示不满或者愤怒时没有对孩子进行攻击，孩子还是可以和我们合作的。教师要心平气和地多使用陈述句，少用问句，这样才可能让孩子更好地与关心他们的成年人——教师与父母合作，更顺利地成长。

精准指令，让教学现场更有序

回顾自己的教学生涯，我越发确定：教师对学生发出各种指令的时候，需要做到精准。精准指令，可以让教学现场更有序。

课堂教学的时候，指令要精准、到位

对我这样经常执教三个班级英语课的教师来说，收发作业是一项巨大的工程。不仅耗时耗力，一不留神，还可能因收发作业而影响课堂教学。

有的老师在上课前请几个学生发作业本，那几个学生在教室里来回走动，也许有学生还不停地喊着名字，也许有学生不停地追问："我的本子呢？怎么还没发到？"也许有学生拿到作业本直接往桌肚里塞，等要写作业的时候又到处找："我的作业本呢？"这样不仅耽误他自己写作业，有时候也可能耽误全班同学。比如，听写单词的时候，有的学生的作业本一不小心就被发到别的同学的桌子上，当老师要求"打开作业本"的时候，一边是求助——"老师，我没有作业本"，一边是好奇——"我这里怎么有两本作业本"，加上围观同学看热闹，教室里乱纷纷是常有的事。

我总在上课前把本节课要用的作业本按小组发到各组第一个同学的桌子上。他们早已习惯，我没有发布指令，不去动本子。等到我发布指令："下面我们准备默写单词。请传作业本。"头排的学生才会开始往后传作业本，作业本都是按学生的座位顺序整理好的。

在课堂上教师在场的情况下，对于学生传作业本，教师的指令要非常精准。如果老师随口说"看哪一组先传好"，那么，教室里一定有好多学生好奇地扭过身子，去看到底哪组先把作业本传好。不等结果出来，他们是没有办法集中注意力做下一件事情的。即便结果出来了，他们还忙着跟老师汇报，跟同学争论到底哪组是第一名。这个时候，教室里大概率会乱成一片，有的老师也许还忍不住生气，却忘了自己才是始作俑者。

当学生集体"失控"的时候，教师一定要先反思，找寻自己的问题，探究解决之道，而不是一味指责学生不遵守纪律。如果教师的指令足够精准，上述混乱局面就完全可以避免。

我经常发布一条很简单的指令："请大家开始写课题，我会表扬先写好课题的同学。"孩子们快速写好课题，然后举手，得到我的点名表扬。这样一来，大家都能快速地进入良好的状态。

传递练习卷时我会发布精准的指令，从不说"看哪一组先传好练习卷"，而是说"看谁先在卷子上写好班级、姓名和学号"。所以，我的课堂上孩子们传递练习卷的时候总是又快又安静，他们总能够很好地进入答卷状态。

室外活动的时候，指令要精准、有效

班主任有很多时间段是带着学生在室外行走或者活动的。众所周知，一旦学生离开教室，教师对学生的管理难度更大。有的教师经常有挫败感，觉得学生不守纪律，难以管控；也有的教师采取比较强硬的态度与比较强悍的管理方式，尽可能地震慑住学生，从而让学生不敢违纪。

在无助与强悍之间，是否有一个师生彼此都感觉舒服的地带呢？

每天午饭后，我都带学生去操场，让他们自由活动一会儿。这个时间段，是他们最喜欢的。他们觉得比上体育课更自由、更开心。我也喜欢看他们在柔软的、厚厚的草坪上打滚、追逐、玩闹，觉得那才是儿童该有的样子。

但是秋冬时节，我担心他们活动过于剧烈，全身大汗淋漓，在从操场回教室的路上，难免会被冷风吹到。如果他们体质不够好，那么免不了就会着凉，轻则感冒，重则发烧。这是很不利于他们健康的，教师必须正视。对于孩子们在学校里一天的冷暖情况，教师必须放在心上。

面对这样的情形，最简单的方法是回避——饭后直接带学生回教室；最辛苦的方法是加大管理力度——严令他们不准奔跑，一旦发现，立刻取消自由活动的权利。但这两个方法都以剥夺学生的乐趣为代价，是不折不扣的"懒政"。我努力找寻另外一种可能——用精准指令培养学生的自我把控能力，保证他们享受自由、快乐的午后时光。

我的指令非常简单："不能让自己出汗。"然后跟这些一年级的孩子讨论为什么老师这么规定。他们都能说得头头是道："吹到风会着凉的。""着凉了会生病的。""我一着凉就会感冒、咳嗽。"……明白为什么之后继续讨论怎么办，他们也能想出各种策略：不爱奔跑的不要脱外套，可以在跑道上散步，也可以坐在草坪上；爱奔跑的要先脱外套再去奔跑，如果觉得很热了、快出汗了，就要赶紧停下奔跑的脚步。

在孩子们明确为什么和怎么办之后，在每天的自由活动时间前，我的指令就精准发布了。只有一条，但反复强调："不能让自己出汗。"犯规的孩子会被取消当天和第二天自由活动的资格，只能坐在看台上看别人玩。不消一周，这条规则深入人心，被贯彻得非常好。每天整队回教室的时候，我会逐一摸摸孩子的额头。只要不是大汗淋漓，都不算违规。每天从操场整队回教室时，师生都觉得很愉快。

这样的指令非常简单，孩子们的自我执行能力远远超过教师的想象。他们都能遵守教师的精准指令。每天午饭后在操场自由活动的时光，也成为很多孩子一天中最向往的时光。而且，师生彼此都没有负担，身心都舒展。

个别教育的时候，指令要精准、温和

我们面对的中小学生都在成长中。教师在陪伴孩子们成长的同时，也不断目睹他们犯下各种大大小小的错误，然后不断去指正，去教导，去引领。

在孩子们犯错误的时候，教师首先要接受这就是他们的成长规律。在接受之后，才能心平气和地去帮助他们。这个帮助，当然包括批评、教育，以及适度的、法规允许范围内的惩戒。比如，取消参加某项活动、某些评优的资格。这样适度的批评、教育甚至惩戒，都是对他们有益的，而不是发泄教师的情绪。

如果教师不能接受学生就是会不断犯错误的这一事实，那么在学生犯错误的时候就免不了会产生情绪，就会带着情绪去批评学生，就很容易激化师生之间的矛盾，也就很难达到教育的目的。

很多年前，我的学生小 A 在一节语文课上，生气又委屈地离开了教室，到办公室找我写英语作业。小 A 是一个六年级男生，正处于青春期前期，一有机会就跟大人对着干——包括他的父母、所有老师。

一开始我不清楚他为什么离开教室，经过询问，才了解到在语文课堂上发生的一幕。

预备铃响了。语文老师进教室了。小 A 还在写英语作业。

语文老师："这是什么课？"

小 A："语文课。"

语文老师："你在做什么作业？"

小 A："英语作业。"

语文老师："上语文课了，你还做英语作业？你有本事别上语文课，只上英语课啊！"

小 A 拍案而起，拿着英语书和英语作业就离开了教室。

对这样一个桀骜不驯的叛逆期儿童而言，一点点小事都可以成为他叛逆的理由。离开教室的那一刻，也许他自觉很潇洒。可是他来到我办公室后，却是满脸的愤怒与委屈，还有些恐惧。他不知道这件事最后会怎么收场。

其实，像小 A 这样的叛逆儿童，在我教过的六年级学生中比较常见。他们充满活力，越来越有主见，却没法事事自己说了算。所以他们总是逮住一个个机会，跟大人对着干。面对他们一次次的挑衅，教师的指令要更精准、更温和、更无懈可击。

我当然也常常遇到这样的场景：预备铃响了，我进入教室上英语课，教室里的高年级孩子，尤其是毕业班的，还在忙着写语文作业或者数学作业。我既不问这是什么课，这样的明知故问透露出的是强烈的不满情绪，青春期的孩子立刻能够感受到。他们体内的怒火燃点很低，随时能点着。我也不问在写什么作业，估计会得到"你没看见吗"这样的腹诽。完全不必问，我只是温和地发布精准的指令："现在上英语课了。请大家把其他作业收起来。"不让那些叛逆儿童感受到半点儿攻击性，指令当然立刻生效。

在教育现场，教师应该不断修炼自己的专业能力，提高自己对学生发布指令的精准性。对学生发布的指令越精准，教学现场越有序，师生关系才会越和谐，教育才可能真正发生，学生才可能更好地学习。

第二辑

如何正面引导学生

表扬与赞美儿童其实是一件很简单的事，但很多时候教师要忍耐与克制。但愿大家都可以发现更多的契机，去更好地帮助他们成长。

从接纳开始

每个班级总是由各种性格的孩子组成的。有些孩子特别善于配合教师，但有些孩子则不然，他们要不非常内敛，要不特别闹腾。后面两种性格特征的孩子常常让教师感到压力很大。

良好的师生关系是教育有效的前提，而"接纳是建立所有关系的根本"[①]。教师应该接纳孩子本身的性格，这样孩子才能够建立良好的自我价值感，才更有安全感。

接纳内向

经常有家长向教师咨询："我们家孩子太内向。老师，您想想办法，帮我家孩子改掉这个毛病。"我常常因此为这个孩子感到遗憾。内向从来不该是孩子的缺点，只是孩子的性格特点。但这样的性格特点在父母或者有些人眼里却成为需要修正的缺点。

的确，"内向，同它的'亲戚'们——敏感、严肃以及腼腆，在当今社会都被看成一种次等的个人性格，一种介乎失望和病态之间的状态"[②]。奇怪的是，人们忘了很多伟大的思想、艺术还有发明都来自安静而理智的人，他们知道如何与自己交流，并在那个安静的世界里发现宝藏。

---

① 麦道卫，戴依. 六 A 的力量：如何成为你孩子眼中的英雄 [M]. 黎颖，王培洁，译. 南昌：江西人民出版社，2011：44.

② 凯恩. 内向性格的竞争力：发挥你的本来优势 [M]. 高洁，译. 北京：中信出版社，2016：引言XIII.

二年级班上有个孩子叫晨，很明显属于内向性格。他基本不跟老师主动对话，也很少主动找小朋友玩——除非小朋友邀请他一起玩。我注意到每次活动时间一开始，他都在活动圈外围。有时候，他的视线与我相接，我只是对着他微笑，从来不说"你去和小朋友们玩啊"。这样的催促会让他有压力，他的观察期就是他的情绪酝酿期和等待被邀请的精神准备期。我经常装作无意地经过他身边，然后主动跟他聊一句半句。例如，"晨，天气很暖和，你可以把外套敞开一下"，或者是"晨，你天天换干净的外套，你有一个既讲究卫生又勤劳的妈妈"。顺便摸摸他的小脑袋，然后尽快走开。

如果孩子不主动跟教师讲话，教师聊天时间太长会给性格内向的孩子带来压力，一些简单的对话反而可以帮助他更快地做好准备。一般在活动课开始 5 分钟左右，他就能够用他充满期待的神情成功得到小朋友的邀请——"和我们一起玩吧"。

教师要接纳孩子们的内向。孩子们不需要因为自己内向而向他人道歉。"不影响他人"是孩子们不可违逆的准则，在此前提下，内向、不喜欢主动表达，都不该收到他人的太多建议，更不该招致批评。任何性格都有优势与劣势，批评性格是件毫无意义、非常可笑的事情。

接纳不合群

在每学期的学生评语中，经常可以发现"团结同学"这样的褒奖之词。其言外之意就是"不团结同学"是一种缺点。事实上，在各个班级都有一些孩子非常明确地流露出不爱跟同学抱团的意愿。《组织人》一书的作者威廉·怀特提过，除了一部分固执的家长以外，大多数家长对于学校乐此不疲地抵制内向和其他不合群的习惯表示感激。这个结论真让人忧伤。

其实，那些曾在思想界开拓了新领域，或者重塑了已有的知识架构的杰出人物，如达尔文、居里夫人等，他们生命中很长的一段岁月都是在孤独中度过的。事实上，"那些创造力更强的人往往在社交活动中扮演内向者的角色。他们往往具有人际交往的技能，却没有足够社会化或热衷参与的性格。在青少年时期，他们往往是腼腆而孤独的"①。

我所教的二年级班上有个特别不合群的女生寒，她喜爱独处，也喜爱阅读。每周两次活动课，我带孩子们去操场上玩，她总是孤独地站在一边，百无聊赖。有一次，我带了几张报纸到操场上，她坐到我身边，抓着几张报纸整整读了一节课。后来每次活动课，我都特别声明："喜欢看书的小朋友可以带上你的书去操场哦！"她高兴得不行。天气晴好的时候，席地而坐，沐浴着温暖的阳光不被打扰地连续读书 40 分钟，这于她来讲，一定就是最愉快的事情了。对这样的孩子来说，独自看书的乐趣，远远胜于和小朋友一起玩。

有心理学家在 1990—1995 年做过一项研究，研究对象是 91 名在艺术界、科学界、商界以及政界表现出卓越创造力的人。他们当中有很多人在青春期阶段非常不合群。该研究同时发现那些在社交中如鱼得水的青少年往往不会花太多时间独处，也就很难培养自己的才能。不合群的学生，未来更有可能成为获得卓越成就的人。对于不合群的学生，教师应该保护，而不是给予各种暗示、建议和"帮助"，避免让他们觉得不合群是一个缺点，甚至觉得自己是不受欢迎的。

接纳"不乖"

很多成年人面对儿童的时候有一种天然的控制欲，经常要求孩子们行动整齐划一，安分守己，如果没做到，就认为他们"不乖""不守纪律""不听话"。很多小孩子在成人的语言魔法中逐渐麻木，一味揣摩大人的喜好，以获得表扬与赞美。但这样长大的孩子日后可能会招来嗟叹：

---

① 凯恩.内向性格的竞争力：发挥你的本来优势 [M].高洁，译.北京：中信出版社，2016: 76.

"这些孩子没有创造力。"

我始终认为，在不影响他人的前提下，孩子们的不乖应该被接纳，甚至被鼓励。他们的不乖里，充溢着动人的探索精神与创造力。

每周三我都带孩子们去图书馆。他们非常喜欢去图书馆，那里有很多桌椅，可供他们随意落座。让我觉得惊喜的是，他们常常出其不意地自创各种坐卧姿势。有蜷缩在书柜底层的，有盘踞在书柜中央小圆盘上的，有趴在长沙发上的，有跪在地上的，也有躺着的……平时越是活跃的孩子，坐姿往往越不拘一格。我从不要求他们"好好坐"或者"坐端正"。

每周两次的活动课，只要天气情况允许，我总是带孩子们去操场。操场上铺着柔软的塑胶草坪。天气晴好的时候，孩子们喜欢把鞋子脱了，在操场上奔跑、追逐。他们非常享受解放双脚的感觉。每次去操场的路上，一定问我："老师，操场上可以脱鞋子吗？"我总是微笑回答："只要你不觉得冷就可以啊！"活动课就该让孩子们完全自由，脱掉鞋子既不打扰他人，自己又能享受到快乐。我喜欢孩子们这样的心思与行动。他们的这种不乖常常得到我的鼓励。

有时候，孩子不用那么乖。"不论一个成人多么睿智，只要他还存有'要孩子乖'的想法，就是阻碍孩子独立思考、发展自我的刽子手。"[1] 我们应该在日常学习、活动中接纳孩子的不乖，允许他们不听话，这样才有可能培养他们的自省和思辨能力，他们才能渐渐确立自己的行为准则和价值观。

---

[1] 李雅卿. 乖孩子的伤最重 [M]. 北京：首都师范大学出版社，2010: 31.

如何巧妙引导学生与教师合作

在各间教室里，教师们每天都为教学活动做了精心准备，与学生们一次次相遇。然而，结果却是，很多教师在一节节课后跟同事们吐槽："这节课我白准备了！学生一点儿也不合作。""我这节课的教学活动根本没法正常开展。""那个班级的学生从来不愿意跟教师合作，不是没兴趣，就是捣乱，还动不动发脾气。"……学生不愿意跟教师合作，似乎已经成为很普遍的现象，尤其在学生进入小学高年级以后。

但事实上，没有一个学生会在每天上学前想好"今天我要捣乱"才踏进校门。其实，往往是师生之间的交流出了问题，导致学生在某些时候不愿意跟教师好好合作。

因此，教师要掌握各种沟通技巧，巧妙引导学生跟教师合作。

有时要幽默地对待学生

教师的一个重要任务，就是教导并提醒学生按照社会普遍遵循的规则行事。但往往教师说的"不可以""不允许"或者"你必须""你只能"越多，学生的反抗就越激烈。长此以往，师生之间就会陷入一个怪圈。学生总觉得教师在束缚自己，总想摆脱这份束缚，所以他们最爱"我想干什么就干什么"。而教师总觉得自己在正确教导，又有"我是为了你好"的大前提，总想要求学生"你就得按照我说的去做"。

其实，在学生违反纪律的时候，教师有时候可以幽默一下，既对学生的不合适行为起到提示作用，又不带明显的"不可以"色彩。而在没有束缚的时候，学生往往会自动放弃对抗。

有一次，新课讲授结束后，全班学生在安静地写作业。有哼小曲儿的声音传来，我随口问："是谁在哼曲子？"学生纷纷检举："老师，是秋！"检举的学生扬起脸看着我，有些幸灾乐祸。秋同学不仅学习能力弱，成绩差，而且平时的学习态度也非常不好。他上课哼小曲儿，这还真不让人感到意外。

我轻声答："哦！是秋啊！那肯定是因为他觉得在英语课上特别放松，特别有安全感。他肯定最喜欢上英语课，所以才会忍不住愉快地哼起小曲儿。"孩子们笑，秋也笑。笑过后秋不再哼小曲儿，和大家一样安静地写作业了。

写作业的时候不可以哼小曲儿，这会打扰他人。这个道理读四年级的秋自然知道。教师如果义正词严地去教训他"不可以"，秋可能就会觉得自己又被束缚。即便他暂时接受批评，内心仍很抗拒，这会促使他找各种时机，再去破坏各种规则。而小小一个幽默，淡化了他的违规行为，更可能促使他去自省。事实上，与批评相比，自省更能让人改变。自省过后，学生会更愿意与教师合作。

常常去承认学生的感受

孩子们每天在校六个多小时，免不了产生各种矛盾。结果不是自己伤心得抹眼泪，就是无限委屈地来找老师投诉。即便是微小的事情，我也会耐心倾听，并与孩子共情："我知道你很生气。""我想你肯定很难过。"……受委屈的那个孩子如果感觉到有人真正在倾听，感到有人真正认同他内心的伤痛，他的伤痛就有可能减轻，也更有能力去面对自己的感受与遇到的问题。

有一次活动课上，二年级男生风哭哭啼啼地来找我："老师，刚才强同学踢到我了。"我抱住他，说："我想你一定很疼，而且被他踢到了，心里也很不高兴。"风点点头，情绪渐渐平静下来。我再问："疼得很厉害吗？要不要去医务室看一下？"他想了想，说："这会儿好点儿了，不用去医务室了。"我叮嘱他："等会儿如果觉得疼，要立刻来告诉我，我带你去医务室。"他停止抽泣。

然后，我再问："你能判断强同学踢你是故意的，还是不小心的吗？"风想了想，说："我觉得他应该不是故意的。他应该是不小心踢到我的。"我表扬他："风，你太了不起了！你是一个特别明理的孩子，能够做到实事求是，不因为自己受伤了就说人家是故意伤害你的。"然后教他："但是，风，我觉得你应该去找强同学。你可以告诉他：'刚才你踢到我了，我很疼。虽然我知道你不是故意的，但是我想提醒你跟小朋友一起玩的时候要小心点。'"风迟疑地看看我。我鼓励他："你走过去跟他说这些话。你要表达你自己的感受。你不说出来的话，你的疼痛和不高兴强同学都不知道。你要有礼貌地说，可是也要很坚定地说。我就在这儿看着你，支持你呢！"

风昂首阔步地走向强同学。过了一会儿，他就风驰电掣般冲回我身边："老师，强同学说知道了。他说他以后会小心的。而且，他还向我道歉了呢！"风那一刻的笑容特别灿烂。"承认孩子的感受，是我们可以给予孩子的最好的礼物。我们帮孩子认识了他们的内心世界，而一旦他们清楚地了解了他们内心世界的现实状况，他们就会鼓起勇气去面对问题。"①

如果长期否认孩子的感受，就会使孩子感到困惑与愤怒，就会让他们变得不会体察自己的感受，不会相信自己的感受。而如果教师真正愿意花时间去倾听孩子，听他表达自己的真实感受，并承认他的感受，孩子自然就会感觉好起来，随之就更能通情达理地与教师合作。

① 费伯，梅兹立希.如何说孩子才会听 怎么听孩子才肯说 [M].高榕，译.珍藏版.北京：中信出版社，2009：27.

总是去体谅学生的困难

美国哈佛大学加德纳教授的多元智能研究表明，每个人在语言文字、逻辑计算、运动、艺术等各方面的学习能力都是大不相同的。但是学校教育侧重在文字与计算能力方面考核学生，一旦某个学生在这两方面的能力比较弱，就容易被教师甚至其他学生归到"学困生"之列。有的学生学习困难，不是态度问题，而是能力问题。他们也许已经在这两方面用足力气了，可就是学不好。对于这样的学生，教师要多多体谅。

我每次组织学生听写单词的时候，总有几个学生感到特别困难。我常常安慰他们："别着急。等会儿同桌会帮你们重新听写一遍的。也许多听一遍，你们就可以把单词想起来呢。"教师组织学生听写，不是挖好一个陷阱，等着他们摔下去现"原形"，然后批评、指责，而是通过听写，帮助学生巩固知识。学习能力强的学生，自然能够跟上教师的教学安排，并获得成功的体验。而对学习能力弱的学生，我总是去体谅他们的能力不足，给予额外时间，让他们慢慢去想，慢慢去写。因此，这些学生也不会视听写为恐怖的事。在我的体谅与等待中，他们始终愿意去学，他们的听写情况也就慢慢有所改善。

薛瑞萍老师的提醒值得我们铭记："在我看来，成功的教育不是让所有孩子都考高分——都考及格，而是让所有孩子都不讨厌学习，都愿意待在这个班级。……这些弱孩子在教师那里感受到的放松和温暖，将成为一种力量，阻止他们成为敌视学校、敌视社会的破坏分子。"①

我深信，一个在童年时候曾经被温柔对待过的人，一般很少在成年后对社会充满敌意。曾经被体谅、被善待的学生，在与教师相处的过程中，一般不会有太强烈的对抗情绪，很愿意跟教师合作。

---

① 薛瑞萍.薛瑞萍班级日志：破茧而出的四年级 [M]. 长春：长春出版社，2010: 73.

掌握沟通技巧真的非常重要。教师有时要幽默地对待学生，常常去承认学生的感受，总是去体谅学生的困难……这些沟通技巧可以帮助教师更好地引导学生跟教师合作。但是，所有沟通的基本前提是尊重。

教师只有做到真正去尊重学生，才可能真正提高自己的沟通技巧，学生才会愿意跟教师合作，从而获得进步与成功。

让学生感受到教师的期待

通常，我们的重要他人对我们学业、事业甚至生活上的期待，多少会影响到我们在各方面的状态与结果。这种影响，在儿童身上体现得格外明显。在学校里，如果学生在某方面被教师给予正面期待，他一般在这方面的发展会比较顺利，甚至远远超越教师当时对他的期待。

"大量的研究已经表明，对学生抱有很高期望的老师通常会取得更高的成就，他们的学生也会有更优异的表现。反之亦然。"[①] 美国专门针对教师岗前培训项目的负责人安奈特·布鲁肖这样指出。她认为，每个学生通常会更容易完成教师期望他们完成的事情。

可见，教师在日常教学活动中，要有意识地向学生表达自己对他们的期待。

对学生始终抱有期待

不是所有学生都能一开始就成为理想学生的。对于某些特殊学生，教师不必急于提出期待，但要始终抱有期待，并在合适的时机表达出来。

我带过一个特殊孩子东东两年。他需要家长来校陪读，不然他就会随时在上课期间离开教室并进行各种充满危险的冒险。一开始，他不写任何作业。如果教师要求他写作业，他就会发脾气，甚至把自己的学习

---

① 布鲁肖，威特克尔. 从优秀教师到卓越教师：极具影响力的日常教学策略 [M]. 范杰，译. 北京：中国青年出版社，2013: 58.

用品扔一地。为了尽可能减轻他对课堂的影响，我尽量不对他提任何学业上的要求。

从二年级开始，英语学科要求学生默写单词。东东的妈妈告诉我，东东在家能够默写正确。有一次课堂默写，我顺口对东东提出了期待："你也一起默写单词吧！"他斩钉截铁地回答："我不要默写！"这种对比很奇怪——在家愿意默写而且能够全对，在课堂上却拒绝默写。在我不确定原因之前，我并不强迫他，当然更不会惩罚他。

直到要做作业的时候，我照样将作业本发给东东。他拿到作业本后瞪着我，问："我也要做吗？我不想做。"我平静地看着他，简单答复："你也要做的，因为你会做。你和其他小朋友一样，有时候会全对，有时候不能全对。"没想到这些话非常有效，他不再跟我闹腾，而是跟全班小朋友一起做，并且全对。

这启发了我。原来一个从来不愿意在学校里写作业的孩子，有可能是惧怕自己的作业会出错。在第二天的英语课堂上，我邀请东东一起默写单词，并告诉他："你也要默写单词，因为你会默写。你和其他小朋友一样，有时候会全对，有时候不能全对。"这些话的力量真是惊人。即便此后他依然不做语文、数学作业，但是所有的英语作业与期末考试，他都能与其他小朋友同步进行，并一直保持成绩优秀。

"你和其他小朋友一样，有时候会全对，有时候不能全对。"这句话其实是在向这个有极端求全心理的特殊孩子传达一种期待：老师期待他和其他小朋友一样完成作业，他的作业是可以出错的，这很正常。

即便是东东这样的特殊孩子，教师依然要始终对他抱有期待。这份期待，在彼此足够了解的时候，教师在适当的时机表达出来，就可能成为孩子正向成长的动力。

对学生有时不妨降低期待

教师的期待要因人而异，有时候期待不可过高，相反可以适当降低。

合理的期待，才能推动学生前行。

五年级班上有个孩子叫华，握笔姿势怪异，每写一笔都格外用力，写作业速度极其缓慢。即便在他保持专注力的状态下，他写作业的时间至少是其他孩子的两倍以上。他的注意力高度涣散，经常写一个字就要用双眼巡视周围。因此，按时完成作业对他来说简直是不可能完成的任务。如果再让他把字写端正，那简直就是对他的无理要求了。他的字迹，大概只有教过他的老师才能勉强辨认。

我对他时常降低期待。有时候他堆积的作业实在太多，他就会选择消极抵抗，一个字也不写。在这个阶段，我对他的期待是，还愿意来学校上课就好，我并不去追着他要作业，只是注意在课堂上多向他提问。

等他感觉老师并不追着他要作业的时候，他自己会慢慢地从消极抵抗期里走出来，开始写作业。只要他交作业，我从不批评他的字难看，只评价他花费的时间多："今天抄写作业你比同桌多花了五分钟，所以有一半单词你不得不留到课间来写了。我注意到，你在抄写单词时一共抬头四次。下次写作业的时候如果少抬头两次，你也许可以和同学们一样在课堂上完成作业了。"

对于华这样的孩子，教师适当放低期待比较好。当他厌烦写作业的时候，对他的期待调整为愿意上课就好；当他开始交作业的时候，对他的期待是完成作业就好。因为我这样的期待是他能够做到的，所以他常常积极配合我的各种作业要求，努力去完成作业。这样的积极配合期大概可以持续两周，然后又进入厌烦期。教师对他的期待在某种程度上可以控制他的消极抵抗期和积极配合期的时间长短。教师对他的期待越明确，越适合他，他就越是觉得自己能够做到，他的积极配合期就会慢慢长于他的消极抵抗期。

对学生最好有高期待

对于大多数学生，教师不仅仅要对他们有很高的期待，还必须明确地告诉他们自己对他们的期待，并表示出坚信他们一定能够达到教师的期待。

我中途带过一个高年级班，孩子们的英语单词默写曾经是个难题，错误率常常超过我的接受范围。让他们把默写错的单词每个订正四遍，他们并不觉得有多大的压力，常不以为意地应付了事，然后进入再默写再错的循环。

后来，我让学生每天将默写本带回家。当天默写错的单词，除了在校期间订正完毕之外，还需要回家默写。借此机会，我常常逐一对孩子提出自己的期待："我觉得你是不需要回家重新默写的。""我觉得你肯定能全对。""我觉得你默写错的单词最多不会超过 3 个。""我觉得你最多在新授课上会默写错，在单元复习默写的时候肯定能全对。"……这样因人而异的高期待会让他们觉得教师对他们满怀信心。他们会觉得自己努力一下很有可能达到老师的期待，获得自己小小的成功。而这些小小的成功可以逐步消除他们对自己的一些消极期望，他们就可能会真正地发挥自身的潜力，成为他们应该成为的人。

总之，如果教师认为学生能够做到，他们通常就可能会努力去做；如果教师认为学生不行，他们通常就可能真的会失败。这需要教师对每个学生始终抱有期待且这份期待真正适合每个学生。

不要太把学生发言不积极当回事

我通常执教三个班的英语课，有时候遇到搭班的教师，彼此就会交流学生的一些情况。

有一次，一位数学老师问我："沈老师，你上课的时候，孩子们发言积极吗？"我愣了下，决定实话实说："我不确定上课时孩子们的发言情况算不算积极。因为在我看来，上课时孩子们的举手发言情况，从来不成为一个问题。这并不是说我的每一节课孩子们都积极发言，而是说即便他们在课堂上不积极发言，我也没觉得是个问题。"

学生发言不积极，真的不该成为问题。但是，为什么在有的老师眼里，学生发言不积极是问题呢？这也许跟学校的评价标准有关。

很多学校有"推门课""教研课"，教师常常需要向人展示自己的课堂。学生举手是否踊跃、全班朗读是否整齐、发言声音是否响亮，都已经成为显性的评价标准。一旦哪个教师的课堂上这三项都表现平平甚至差强人意，那节课要得到"优秀"就比较困难了。有的教师为了自己的课堂得到好评，不遗余力地训练学生。为了读整齐，可以每天早上让学生翻来覆去大声读课文。一旦没读整齐，教师就喊停，不断训斥学生。而为了让学生在课堂上积极发言，有的教师用各种积分换奖品的形式加以刺激，弄得获取知识的乐趣倒好像是课堂教学的赠品。长此以往，学生渐渐不是对思考本身产生兴趣，而是对发言后的奖励感兴趣。一旦失去积分奖励或者物质奖励，学生很容易不愿意再思考，再发言。

在这样的评价标准下，教师对学生的机械训练大概是学生厌学或者懒于思考的因素之一。

课堂始终应该是学生的课堂。学生在课堂上有积极发言的权利，与此同时，他们应该有不发言的权利。不是所有学生，都擅长或者喜欢用"听—说"的方式学习，也有一部分学生更乐于用"听—想"的方式去学习。

我注意到，班上总有一部分学生，他们的思维能够跟上教师的教学节奏。他们专注地听，凝神地看黑板或者屏幕，双眼闪闪发亮。很显然，他们在积极思考。但是，他们并不积极举手。我愿意让他们以自己喜欢、舒服的状态在课堂上学习，只要不打扰他人。

有一部分学生，他们看起来并不专注，双手总在忙碌，在课堂上很少举手，但是作业的正确率非常高。对这些学生来说，要求他们"一动不动"可能会让他们不知所措，甚至非常别扭。在不发出声音、不打扰课堂秩序的前提下，我也常常由着他们去。

特别有意思的是，在我所教的高年级班上，出现了好几个发言特别积极的学生。但事实上他们回答的质量经常是比较糟糕的。很多时候，我觉得他们只是为了发言而发言，完全不是经过自己内化、整合后的表达。他们常常出错，且乐此不疲。我想，是不是他们上幼儿园或者低年级的时候对"上课要积极发言"的印象实在太深刻？一旦遇到老师提问就条件反射般举手，且每次都如此。

学生愿意在课堂上发言，这是好事，值得鼓励与表扬。学生愿意在课堂上专注聆听但不发言，这是他自己觉得舒服、喜欢的方式，只要不打扰他人，完全没有问题。

成才的必要条件不是喜欢并善于口头表达，我们身边的很多人并不喜欢也不擅长口头表达，但是这不妨碍他们成为行业的人才。为了学生的未来，不该逼迫不喜欢、不善于发言的学生一定要积极发言，那只会给他们带来焦虑，增加压力。

因此，不必把学生不积极发言视为问题。教师在自己精力允许、课堂时间允许的情况下，可以稍稍诱导学生发言。教师不要过于明显地把因学生不积极发言引发的焦虑与压力传递给学生，那只会让学生视在课堂上积极发言为苦差事。

如何有效指导学生避免与同伴发生矛盾

每间教室里，总有层出不穷的同伴矛盾，从口头争执到肢体冲突，屡见不鲜。教师经常身不由己地被各种矛盾及其后续事件裹挟，花费大量的时间与精力去调查真相，调解矛盾，处理冲突。

奥地利著名心理学家阿尔弗雷德·阿德勒说："学校不仅是一个向孩子传授书本知识的地方，还应该是一个向孩子传授生活知识、表现生活艺术的场所，所以好的学校是家庭和现实世界两者的中介。"[①] 的确，好的学校、好的教师，会重视向学生传授一些生活知识。教师不应该仅仅是消防员——在学生发生矛盾后妥善解决问题，更应该是指导员——在学生的言谈举止、行为方式及与他人相处的边际意识方面给予正确指导，从源头去规避一些矛盾的发生。

指导一些说话的技巧

学生之间的很多矛盾是从言语冲突开始的。闹矛盾的两个当事人，总有一个觉得自己心灵受伤了，另一个觉得自己特别无辜。调解矛盾的教师，大多数时候会安慰受伤的那一个，批评出口伤人的那一个，并要求后者向前者道歉。有时候，受伤者没完没了地哭泣也让身为调解者的教师来气。教师在忙碌与焦虑中可能就会转念一想，或者脱口而出："人家都已经道歉了，你能不能大气一点儿，不要太计较？"然后，出口伤人

---

① 阿德勒. 儿童人格教育 [M]. 戴光年，译. 长春：吉林出版集团有限责任公司，2014：7.

的学生只需要随口一句"对不起"就抵消了对他人的言语伤害。长此以往，他可能会习惯用言语伤人，成为不被同伴认同和喜欢的人。

有一次，二年级男生永来找我投诉："女生敏说我的个子比她弟弟还矮！"他满脸受伤的模样。我及时表达共情，安慰他后，找敏谈话。敏很委屈："可是，我说的是事实啊！我弟弟读幼儿园大班，永看起来比我弟弟还矮一点儿呢！"其实我不是去批评敏，只是请她思考："你知道这样的实话说出来后，永会高兴还是不高兴？"敏不好意思地看着我，说："我知道他会不高兴。"孩子其实知道说什么话可以打击到对方。我提醒敏："有时候，实话是可以不说出口的。你知道说出来后对方会不高兴，还故意说，就是伤害人。"如果敏以后能铭记不要故意说让人不高兴的实话，她就可以被身边更多的人接纳，也有机会得到更多人的喜欢与帮助。

有一次，二年级男生智投诉好朋友亮，因为亮老是在教室里大声说智喜欢女生颖。我刚找到亮，亮就说："智自己跟我说过他喜欢颖。"我提醒亮："智喜欢颖，那是他自己的事。你把好朋友私下里跟你说的话说出来，你会失去好朋友的。"亮呆呆地看着我。我再次提醒他："不要把同学、朋友私底下跟你说的事告诉任何人，这样你才值得信任并收获友谊。"但愿他能一直铭记并执行，这对他的未来人生有益。

指导一些做事的技巧

有时候，学生之间的矛盾源于一些微小的行为。对成年人来讲，这可能不值一提；但对儿童而言，就可能成为矛盾的源头。教师要注意在细微的地方指导学生。

比如，到了四年级，为了节约师生的时间，讲评测试卷上单选题的时候我让同桌交换测试卷，大家一边听我讲评，一边在同桌的测试卷上打"√"或"×"。基于之前的班级发生过因为批改符号的大小引起的矛盾，我反复强调并在黑板上示范：第一，"√"或"×"不要覆盖原来的答案；第二，"√"或"×"不要太大，也不要太小。我跟孩子们解释理由："√"或"×"覆盖原来的答案，不利于确认正误；打得太小，大家容易忽视错题，漏了订正；打得太大，尤其是"×"打得太大的时候，令人感觉很不愉快。

另外，教师要指导学生传作业本的技巧。有的学生传作业本的时候会无意或者故意乱扔，不是扔在地上，就是扔在同学正在写字的手上，甚至干脆直接砸在对方的脑袋上。这些学生做出这样的行为，即便不是故意伤害他人，也反映出他们不尊重他人的心理。因此，每接一个班级，我都会具体指导学生如何传递本子。后面同学往前传本子的时候，"不要敲打前面同学的后背""不要催促前面同学""耐心等待他转过身来接本子，并轻轻地递到他手里"；前面同学往后传本子的时候，"不可以看也不看就往后扔""不可以随便扔在后面桌子上，要等后面同学腾出地方或者伸出手""人家在低头写作业或者看书的时候，你要简单打个招呼。比如，张三，作业本"。这些都是具体的指导。这样就可以保证学生在传递作业本的时候，同学之间互不打扰，互不伤害。

指导一些思考的方向

有时候，学生之间的矛盾源于思考问题的方向。

有一次，我在走廊里做课间护导，即便我小心谨慎地来回巡视，并反复叮咛身边的孩子"别跑"，二年级男生强和明还是在奔跑中结结实实地撞到了一起，并同时摔倒。我走过去查看，他们同时爬起来。强快速地对着明道歉："对不起！"明大哭："老师，他故意撞我！他明明看见我跑过去，他还撞过来。"我先确认了两人都没有受伤，然后平静地对明说："我看到你们两个不小心撞到了，你们俩撞得其实一样疼。强没有哭，我还听见强向你道歉了，我想他没有认为你是故意撞他的。而你一直在哭，我也没有听见你道歉，你说强故意撞你。"明抽抽噎噎地看着我。我继续说："如果你像强一样思考，不认为是小朋友故意撞你的，你就不会那么难受了。"明渐渐停止抽噎。我最后建议他："下次如果有小朋友撞到你或者踢到你，你可以试试不认为对方是故意的。这样可能会让你像强一样，被别人撞到了不那么难过，也不生气，还会主动道歉呢！"

不同的班上总有智商高却很不愿意配合教师的孩子，他们很敏感，有时教师对他们的正常提醒与批评都会招致他们的抗拒，认为教师在针对他们。我所教的二年级班上，有个男生奇特别聪明，但是，他的很多行为习惯非常差，而且屡教不改。有一次，放学后，奇又没按要求把自己课桌里、桌椅下的大量废纸扔到垃圾桶里。我把他从走廊里请进来，让他收拾。他很不高兴，一边收拾，一边生气地说："老师总是说我！张三、李四的桌子下面也有废纸！"我心平气和地答复他："张三、李四的桌子下面难得有废纸。谢谢你提醒了我。我来请他们进来收拾。"张三、李四快速进来收拾完地面又出去和同学们玩了，因为他们的地面上也就有一两张小纸片。然后我继续说："我针对的是往地上扔废纸的这个行为，不是你这个人。希望你学会这样思考问题，以后你做错事的时候，就能理解老师们批评的是你做错的事情而不是你这个人，你就不会那么生气了。"

其实，出口伤人和出手伤人的孩子更需要教师的关心与帮助。这样的孩子，也许父母没有做好言行教育，也许父母觉得孩子天真烂漫，完全不需要任何教导。"身为教育工作者，我们不仅掌握着学生的命运，也决定着孩子们的未来发展。"[1] 教师有义务去努力弥补家庭教育的不足，让孩子尽量避免同伴之间产生矛盾，为他们在进入社会之前做好各方面的准备。

---

① 阿德勒. 儿童人格教育 [M]. 戴光年，译. 长春：吉林出版集团有限责任公司，2014: 35.

指导学生用良好行为来获取关注

生活经验告诉很多父母，家里淘气的孩子生了一场不算太严重的病后，会乖巧很多。大量的事例证明这不是巧合或者个案。那么，这样的推论后面是否有理论支撑呢？

心理学家阿尔弗雷德·阿德勒观察到一个案例。一位教师曾经为次子感到非常担忧，但又一筹莫展。这个孩子有时候离家出走，他的学习成绩在班级里总是最差的。有一天，这位教师把次子带到了管教所进行改造，却发现次子患上了忧郁型肺结核。这个病需要父母长期悉心照料。次子病好了之后，变成了家里最乖的孩子。阿德勒判断："这个孩子最渴望的就是父母能给予他额外的关注。"[①] 而在生病期间，他的确得到了这样的关注。他以前不听话是因为他那个才华出众的哥哥给他的心理造成了阴影。因为他不能像哥哥一样得到家人的赞扬，所以他就持续地以各种叛逆举动进行抗争。然而，通过一场疾病，他开始相信，他也能够得到父母的喜爱，就像哥哥一样。阿德勒认为，这个孩子因为生病后得到了额外关注而"学会了用良好行为来获取父母的关注"[②]。

因为有不会用良好行为获取父母关注的孩子，很多家庭上演各种"鸡飞狗跳"。同样，在教室里，因为有不会用良好行为获取教师关注的学生，教室里一再出现各种违纪现象，师生不断发生冲突。在疲于处理各种后续问题的时候，教师是否意识到学生做出一些不好的行为有可能只是想获取教师的关注？教师是否思考过学生各种不好的行为的成因？

---

①② 阿德勒.儿童教育心理学 [M]. 刘丽，译.海口：南海出版公司，2015: 162.

教师是否可以指导学生用良好行为来获取教师的关注？

用良好行为获取教师的关注，这当然是需要教师去教的。

首先，关注学习成绩不好的学生，增强他们的学习信心，敦促他们认真听讲，并多表扬他们的良好行为。

再懵懂的学生进入小学一两年后，终究会明白，不能取得好成绩将成为他们发展的一个障碍。如果一个学生慢慢地察觉自己因为成绩不好得不到老师的表扬和同学的喜爱，回家又经常被父母打骂，那么他可能就会很快失去自我认同感，对学习就会没有信心。这样的学生在课堂上，要么是亢奋地闹腾，要么是游离于课堂之外……总之，各种不好的行为就会在课堂上出现。

所以，对学习成绩不好的学生，教师要特别注意保护他们的自尊心——不要让小伙伴们知道他们的成绩。当众报出学生很低的分数，是非常残忍的事情，只会让学生感到颜面尽失，并不能激发他努力学习。教师还要找寻机会在班上多次说明："上课不认真听讲，老师是要批评的。哪个小朋友默写没全对，小练习没达到优秀，老师从来不批评。"让全班学生都了解老师的评价标准。老师的评价标准当然会成为大多数学生的行为准则。他们会知道上课不认真听讲才是老师眼里最糟糕的事情。

二年级男生赵在完成单元默写后，很沮丧地对我说："老师，我快对自己没有信心了。我还是没有达到全对！可是我在家里明明练过很多遍了！是不是因为我太笨了？"他错了3个。说实话，这个默写成绩是不理想的。但是，去批评他毫无意义。他需要的是各种鼓励，甚至安慰，要让他相信自己是值得被期待的，相信自己在老师和爸妈的督促与陪伴下成绩会提高。

所以我安慰他："没事的。我看到了你的进步。上次你默写错了4个，这次比上次有了进步。进步要慢慢来。有的小朋友学得快，有的小朋友学得慢，只要坚持认真去学，都是好孩子。你看陆同学，他一开始也学得慢，也总是学不会。但是我一直对他有信心，就像对你一样，一直有满满的信心。所以他这次默写全对，课堂作业也优秀。你的小练习离优秀的标准才差 1 分，你的默写也比上次错得少了。这都证明你在慢慢进步啊！"

这样一箭双雕很有意思，陆同学听到了我对他的表扬。他们两个在课堂上举手发言越来越积极主动，而且都是信心满满的那种。两个人的成绩，一年级时徘徊在"合格"左右，到二年级时基本是"良好"，甚至偶尔能够达到"优秀"了。

其次，关注性格脆弱的学生，多与他们共情，敦促他们与同学友好相处，并多表扬他们的良好行为。

每个班级都有几个性格特别脆弱的学生，他们常常不自觉地把自己置身于"受害者"的位置。自己的学习用品不见了，觉得"肯定有人偷了我的东西"；走路的时候被同学撞了一下，觉得"他欺负我"；就是在餐厅里吃午饭的时候，也会觉得"我饭盒里的排骨最小"，或者"我今天拿到的水果最小"。

总之，他们自己常常感到不快乐。当他们不快乐的时候，他们总想把自己的不快乐传递出去，总是哭闹。如果他们不快乐的时候，边上的同学在笑，那么，他们就会认为"同学一定是在笑话我"。于是，他们很难交到朋友。

教师一定要理解这样性格脆弱的学生，他们可能身处非常特殊的家庭，教师可以缓慢地尝试介入他们的家庭教育——跟家长沟通，提出自己的建议。但更重要的是，在教育现场处理这些学生当下的情绪。

教师要多与这样的学生共情。当这样的学生哭哭啼啼或者愤怒地告诉教师各种细节的时候，教师要始终耐心地倾听，并帮他归纳："我知道了。是……让你特别不高兴。""我听懂了。因为……事让你觉得特别难过。""如果是我，我也会难过的。"在学生的情绪被接纳后，教师再慢慢地跟他讨论："他会不会不是故意的？""他也许是想帮助你，也许他是好意呢？"……教师只有努力引导学生从各种角度去观照事件本身，才能帮助学生抵抗一些不该有的受伤心态。

更重要的是，教师平时可以多跟这样的学生分享自己在生活、工作中遇到的事情（有时候也可以模拟情境）："今天，我遇到了……事。我本来很难过，觉得他肯定是……后来我想了想，也许他不是故意的。我换了个想法后，觉得自己好像不难过了。""我今天在办公室闹了个笑话。同事们都笑话我。我一开始觉得有些尴尬，后来想想自己其实真的挺搞笑的，所以我就忍不住和大家一起笑了！"……

此外，要多关注这些学生的情绪。如果他们的情绪管理有进步，就及时肯定。

比如："今天，老师看到你因为……事又哭了。但是，这次我观察到你一会儿就想明白不哭了。我觉得你会让自己不难过了。""老师发现你今天流泪不是因为对哪个小朋友愤怒，而是你觉得很感动，因为……帮助了你。""老师发现今天……撞到了你，你居然一点儿也没有难过，没有生气，反而对他笑眯眯的。我觉得你真是越来越会让自己高兴了！让自己高兴，也是一个很重要的本领呢！"

班上这样一天闹几次情绪的小朋友，也慢慢长成几天才闹一次情绪的小可爱了。现在他们身边的好朋友越来越多，情绪越来越平和，笑容也越来越多。

再次，关注时常犯错的学生，帮助他们及其家长接受儿童犯错是常事，敦促儿童及时改错并承担责任，并表扬这个良好的行为。

教师当然不会期待儿童的行为不出错，不会期待他们按照成人的理智来行动。所以，学生犯错在教师眼里，其实就是非常普通的事。大多数时候都只是些小错误，批评教育即可。

但是，有的学生却很难接受自己在教师眼里犯错这件事。有时候，他们只是犯了一个微小的错误，接受了教师一点点批评，他们自己就受不了，不停地为自己的错误找理由，不停地推诿自己的责任，不肯承认自己的错误，拒绝接受批评，更不要说主动承担责任了。他们对教师的正常批评感到委屈，回家后有选择地把部分细节告知家长。理智的家长不会全部相信孩子的言语，更相信教师会公平、公正地对待孩子；而偏袒孩子的家长就会焦虑，觉得自己的孩子被冤枉了。明明孩子被批评的地点是在学校，家长当时根本不在场，却只相信孩子的一面之词，不断地找教师解释，请教师相信自己的孩子。

有一次，我组织学生参加单词竞赛，全对的小朋友能够获得奖状。在竞赛前，我反复提醒学生："不要看同桌的作业纸。如果你看了，哪怕你说没看到，我也会取消你的竞赛资格。"结果还是有个学生反复看同桌的作业纸。我在他的作业纸上用红笔写上"取消竞赛资格"，并给家长发信息："您好！孩子在单词竞赛中多次看同桌的作业纸，经提醒后仍然看——未必是真偷看内容。但因为违反竞赛规则，所以取消了孩子的评奖资格！"他的成绩并没有被取消。

这个学生回家后可能没看到我发的解释信息，家长帮他解释的信息一再轰炸过来，长篇累牍，并且上升到人品的高度，说："我们家孩子的人品我是很相信的，不可能作弊。"

我回复的信息是："孩子犯小错误，妈妈别太焦虑。孩子小，又好强，做练习的时候偷看一眼同桌的作业纸，这跟人品、道德无关。这就是小孩子的小把戏。教师会很平常地看待孩子的这种小问题。犯错误了，小小地教育一下。爸爸妈妈再配合老师在家里小小地敲打一下孩子，孩子就长心了，同样的错误就不会再犯了。当然，孩子会犯别的错误。这再正常不过了。孩子就是一边犯错一边成长的啊！"

"所以别怕孩子犯错误。如果让孩子知道自己犯错后，爸爸妈妈会帮着他向老师解释，那才麻烦呢！"

耗费了大量时间，家长最终接受了"自己孩子犯个小错误，在教师眼里不算大问题"这样的观点。

教师要帮助儿童及他们的家长接受儿童犯错的事实，这样才能更好地敦促儿童及时改错并承担责任。一旦发现儿童及时改正错误，主动承担责任，教师就要多表扬他们。

总之，当学生在学校里做出不好的行为的时候，教师不要急着去批评，去制止，去教育，而要先去审视背后的原因，再去探索如何对不好的行为进行引导。只有在源头上解决问题，那些不好的行为才有可能慢慢减少，学生才可能真正养成用良好的行为获取他人关注的习惯。

勿以惩罚替代教育

有一个班级在当天放学后，值日班长对着黑板上的"黑名单"分配值日工作，他的旁边是一群"榜上有名"的学生——做眼保健操的时候睁眼了。他们有的说："我根本没有睁开眼睛！你乱记！"有的说："你这是在报复！就因为上次我当值日班长的时候记了你的学号！"有的说："我不想扫地！昨天我也被记名字的，也被安排扫地。今天让我排课桌椅吧！"……

常常在别的班级已经打扫完教室的时候，这个班级才勉强开始打扫。师生在第二天早上进教室的时候，发现讲台上仍然乱七八糟，甚至有时候还堆着湿毛巾，地面上依然有垃圾，扫帚和簸箕东倒西歪。

有一次，一个学习成绩非常好的学生得意地在班里宣称："我已经一年多没有打扫过教室了！"同时，不无嘲弄地看着那些值日生。这种情况令人心生警惕。

惩罚要合理

教育要培养尊重他人、敢于承担责任的公民，而不是培养凭借学识或者智商就藐视他人、不尊重他人、不尽该尽义务的"精致的利己主义者"。

倘若教师，尤其是班主任，以分数或者各种表现作为评判标准，把学生分为"可以逃避责任的"和"必须承担责任的"两类，那么未来精致的利己主义者就可能在这样的教师的教育下成长起来。

班集体中的任何人，无论学习成绩优劣、平时表现好坏，在承担义务的时候都应该是平等的。教室的值日工作，作为培养学生行为习惯的一个项目，也该被平等地分配给每个学生。教师绝不应该以学生的成绩、表现论英雄，而把教室的值日工作作为惩罚手段，转嫁给成绩差、表现不好的学生。这其实是一种变相的歧视，会使学生认为做值日工作就是接受惩罚。

合理的惩罚有利于学生成长。上课违纪的学生，可以让他静坐反思；不写作业的学生，可以让他多写一遍；欺负同伴的学生，可以取消一次他参加集体活动的机会……这样的惩罚与他犯下的错误有关，是对他不当行为的纠正与教育。而做眼保健操的时候睁开眼睛的学生，就要接受惩罚去打扫教室，这两者之间没有必然的联系，只是惩罚，没有教育。受罚者未必心服，旁观者未必理解。最后的结果是，在学生心里，维持教室整洁的责任在于那些受罚者，反正与"我"无关……这样的教室卫生情况一定令人失望。

教师不应该以惩罚替代教育。古人云："一室之不治，何以天下家国为？"让学生在学校里轮流做值日生，为大家服务，就是在培养他们的责任意识与服务他人的意识。只有亲身体验过打扫教室的不易，才真正有可能发自内心地去保持教室的整洁。学生从小就养成不往地上扔垃圾的习惯，既是对他人劳动成果的尊重，也是在养成让自己终身受益的好习惯。

分工要明确

做值日工作的学生越多，他们的职责就越不容易明确，互相推诿的可能性就越大，值日工作的质量越堪忧。一般情况下，我就安排六名学生一起做值日。四名学生各自打扫一排地面，并排好那一排的桌椅（值日任务一）；一名学生负责每节课后整理讲台，放学后用湿毛巾擦讲台，倒垃圾桶（值日任务二）；一名学生负责擦黑板，课间用黑板擦，放学后用湿毛巾，并洗干净毛巾（值日任务三）。另外，后两名学生负责监督上午、下午的眼保健操，快速地把教室的过道与前后地面打扫一遍。这样一天下来，教室的黑板、讲台、地面都有值日生负责。如果不做值日的学生能适当配合，教室的地面卫生就能保持得很好。

对小学低年级学生而言，如果一周做一次值日生，下周轮到他的时候，他可能就会忘记自己应该承担的职责，从而出现各种混乱。我喜欢按周安排学生负责教室卫生工作。因为值日一周，每天他的任务相同，他就会记得很清楚。而教师指导、问责的时候也会指向明确，从而提高值日工作的效率与质量。

很多时候我都按教室里的座位顺序排值日生表。第一周第一小组六个学生；第二周第二小组六个学生……以此类推，八个小组值日一轮是八周。一般情况下，一个小组一个学期会轮到两次或者三次。为了便于辅导及检查值日工作，我按座位顺序安排一个小组内的前四位学生承担值日任务一，第五位学生承担值日任务二，第六位学生承担值日任务三。

这样分工，教师在辅导、点评值日工作的时候心里就会十分清楚，不必费心单独制作一张值日生表，因为座位顺序就是值日生表。教师不必问"应该谁扫地"，学生也不会因为害怕承担责任而推诿"不是我扫地"。

这样安排、指导学生做值日工作后，每个学生都分工明确、责任到位，值日工作就会井然有序。一般情况下，放学后只需用5—8分钟就可以完成所有的值日工作。班主任只要在最后稍微提醒一下："用过的毛巾要洗干净后晾好。""毛巾要拉平后再挂，不能皱巴巴的。"当然，也应该经常点评与赞美一下："今天，同学们把教室打扫得特别干净。""今天值日的效率特别高，速度很快，居然只用了5分钟！""其他同学第二天到教室里来，看到这么整洁、干净的教室，一定会心情愉快地开始新的一天。"

教师的肯定与赞美，是很多学生的成长动力之一。在这样的肯定与赞美中，每个学生会格外珍惜自己的劳动成果——打扫干净的教室。他们在珍惜之余，才会不往地上扔纸屑与其他垃圾。地上只剩下学生不小心掸落的橡皮屑、做完手工后不小心掉落的碎纸屑。

值日不该沦为一种惩罚手段，更不该用惩罚替代教育。

在教室里，教师对学生日常学习、生活的安排应该慎重。每一项教育行动——无论是赞美还是批评，奖励还是惩罚，都会影响到学生的素养。

行为训练，让遵守秩序成为习惯

学生不仅要学习文化知识，还应该养成各种良好的行为习惯，能够自觉地遵守校内外各种秩序和纪律。

要让学生真正遵守各种秩序和纪律，前提不是去效仿，去记住良好行为的表面形式，而是确信遵守秩序的重要性。在此基础上，教师再通过各种行为训练，让学生真正养成遵守秩序的习惯。

明确遵守秩序的意义

每次带学生上下楼梯的时候，我总是不厌其烦地提醒："靠右走。"有老师在场温言提醒，他们都会笑着照办。次数多了，也有顽皮的学生问我："老师，为什么必须靠右走？"我解释了这是大家共同遵守的规则，也讲述了一些因为当事人没有遵守上下楼梯靠右走这一规则导致的悲剧。但很明显，这仍然只是教师单方面提出的规则，他们仅仅是掌握了正确行为的外部形式。

我找来五六个系线的玻璃球，放在一个小口玻璃瓶里，看哪一组孩子能在一分钟之内把所有玻璃球拉出瓶子。一开始，无一例外，参与实验的小组成员都同时抢着拉自己的玻璃球，然后所有玻璃球都卡在瓶口，一个也出不来。他们嚷嚷着："不行！瓶口太小了！"在前几组实验都受挫以后，旁观实验的孩子终于想到了办法：当教师发出"开始"口令后，他们不是同时拉自己的玻璃球，而是按顺序轮流拉玻璃球！很显然，这个办法很有效，他们能够在一分钟内完成任务，获得成功。

在这个实验后，我再组织孩子们讨论遵守秩序的重要性，他们都能理解并接受，甚至能做到举一反三：如果遇到火灾或者地震，同时往门口跑就可能导致大家都出不去，而应该有序地往外走……

训练遵守秩序的能力

学生即便有了应该遵守公共秩序的意识，如果教师不进行指导，学生遵守秩序的行为往往不会自然发生。教师要注意在团体活动中，合理利用机会对学生及时进行行为训练。

比如，有序地往外走是比较抽象的要求，未经过训练的学生可能真的不知道如何去做。很可能他正尝试有序地往外走，但在教师眼里却是不遵守秩序的乱冲乱撞。我们需要有意识地让学生在一次次训练中慢慢体会秩序。

比如，每天上午第二节课的下课铃声响起后，学生需要去走廊里排队，然后去操场参加集会或者课间活动。这个过程，教师们常常要求学生"快、静、齐"，却很少训练他们如何做到有序。为了快，他们往往难以静下来，更做不到齐。他们几乎同一时间离开座位，然后奋力往教室门口冲。在一个容纳50多人的教室里，这样冲必然导致乱，不可能真正做到有序。

其实，教师可以这样训练他们：离教室门口最远的小组先走；每组坐前面的学生先走；每条过道左右两侧的学生轮流往外走；坐在后面的学生不可以超过前面的同学往前冲；坐在前面的学生不可以磨蹭，要注意自己的顺序，立刻往外走。

这样的训练要重复多次，直至教师不在场的情况下他们也有这样的意识与能力。受过这样训练的学生，他们也大有可能做到举一反三。比如，离开影剧院、体育馆的时候，能有序地离开座位；成年后在没有交通信号灯的路口，有序地开车经过；在高速公路、停车场堵车的时候，有序地通过唯一可行的车道……

品味遵守秩序的美感

在学生知道应该遵守秩序，渐渐提高遵守秩序的能力后，其实教师应该创造机会让他们品味遵守秩序的美感。

引导学生达到欣赏秩序美的境界，这才是教育他们遵守秩序的终极目标。一个人如果能够欣赏秩序美，他就会发自内心地遵守秩序，维护秩序，不断提升自己遵守秩序的能力。教师应该带学生品味各种秩序美。

在生活当中其实有很多可以用来让孩子鉴赏秩序美的场景、图片、影像资料。有一次，我从网上下载了一些排队等待公交车和有序上车的照片，然后指导孩子们观察乘客的体态和面部表情。孩子们用了"放松""轻松""自然""平静"甚至"优雅"这样的词语来描述。而当我出示一些车站人们一窝蜂往前挤的照片，也请孩子们用词语描述时，他们用了"紧张""着急""担心""生气"甚至"绝望"这样的词语。最后，我同时呈现这两组照片，再请他们对比并思考：哪一组照片上的人们给你一种美的感觉？为什么？答案是显而易见的。孩子们都能得出，有序排队的人们看起来很宁静，很美。不是因为他们的衣着，而是因为他们都遵守秩序。

鼓励创造秩序美的行为

实践证明，在认可秩序美，欣赏秩序美之后，孩子们创造秩序美的能力是惊人的。

比如，一年级时都是我们两个老师自己打扫地面和排桌椅的。但是我们会告诉孩子们每一行、每一列的桌子都应该按顺序排列。我们经常自我陶醉："桌椅排整齐了，我们的教室看起来真美。"到了二年级，我们渐渐邀请孩子们一起参与打扫。好几个孩子对排桌椅特别热衷，常常前后左右反复地端详，一定要排列整齐才肯罢手。有时候为了赶时间，我走过去快速排好剩余的桌椅。仍有孩子不放心，要亲自重新排一遍，然后才心满意足地说："这组桌椅是我排整齐的！"对于这样的孩子，我们常常大加褒奖。肯定他们创造秩序美的意愿、行动和结果。这是一个良性循环，能促使其他孩子平时保持自己的桌椅排列有序。

天气晴好的日子，我们班的活动课无一例外都是带孩子们去操场上玩。自从有个孩子想脱掉鞋子玩的愿望得到满足之后（操场上铺的是塑胶草坪），每次活动课至少有一半孩子脱掉鞋子在操场上疯跑，我还没来得及指导他们"把鞋子排好队"，这些二年级的小不点们就在脱鞋子的时候自觉地把鞋子沿着篮球场上的白线整整齐齐地排成一排。我把这一幕拍下来，有空的时候就在大屏幕上放给全班孩子看，并赞美："我觉得这些鞋子好可爱啊！它们的队伍整整齐齐，看起来真美。它们不会影响别人玩，小主人们穿鞋子的时候也不会找不到。我觉得这些鞋子的小主人更可爱！"这样具体的评价与赞美次数多了，孩子们会更自觉地去创造生活中的秩序美。

在有人监督的情况下，在明确不遵守相关秩序会被处以相应惩罚的情况下，遵守秩序并不是一件难事。但在无人监督也没有相应惩罚的情况下，自觉地遵守各种公共秩序，才是教育成功的真正显现。

而教师有目的地对学生进行行为训练，最终让学生接受秩序美并自发地遵守各种公共秩序，这才能说学生真正把遵守秩序内化成自己的信念，真正养成了遵守秩序的习惯。

为什么一年级学生不能安静下来

　　如何让懵懂的一年级学生安静下来？让他们知道在各种场景下应当遵守的规则。规则不是通过抽象的、空洞的说教就可以让学生学会的，所有规则最好在具体的场景中学习。

　　2019 年 9 月开学，我担任一年级班主任，我和我的 43 个学生一起走过了温和、坚定的一年级。教师很温和——自己不生气，面对学生总是保持微笑，不呵斥学生；也很坚定——因此学生陆续习得各种规则，行为习惯与学习成绩进步明显。许多同事在教育现场看我，很多读者在我的公众号上看我，他们都心存疑问：为什么你当一年级班主任可以这样淡定、从容？

　　温和、坚定，是教师面对学生的姿态，不仅仅是对一年级学生。只不过对一年级学生，教师的温和、坚定有着特别重要的意义与作用。

　　教师不要指望对一年级学生的教导有多大效果。教师面对一堆排山倒海而来的、必须遵守的规则、纪律，都要用笔不停地记录、做备忘录，还能指望六七岁的学生领会多少？规则不是一天就能训会的，而是在一点一滴中教会的。怎么教？不是让学生端端正正地坐着听，而是让学生在动起来的时候学习。

　　我坚持一个原则——不让一年级学生闲着没事做。只有在学生有事可做的时候，教师才能一点一点去教各种规则，在具体的场景中去教各种具体的规则。

　　刚入学的一年级学生能做什么事？

早读课读什么

刚入学的一年级学生正常学情是不认识字，也没学过拼音。早读课来了读什么？还是要读书。我每天提醒学生和家长，在书包里放上绘本。每到周末，我一定提醒家长及时给孩子更换书包里的绘本。这样，学生从开学第一天的早读课开始，就从书包里掏出自己的绘本——基本都是在家里看熟了的，拿出来再看。我从他们中间轻轻走过，时不时点评："啊，你在看《小王子》，我也喜欢这本书。""咦？这本书我没看过，好像很有趣，你给同学们讲讲好不好？"……等到所有学生都能拿出书了，我才慢慢去教："早读课要安静看书。""看书的时候不要讲话。"……我才去一个个表扬："某某小朋友看书的时候特别专注，眼睛从来不往别的地方看，只盯着他的书看。""某某小朋友已经认识好多字了，真了不起！"……这些教导与表扬，只有发生在真实的场景里，才能让学生有印象，有感觉。

晨会课讲什么

一般情况下，晨会课要讲纪律、规则，但是对刚入学的一年级学生而言，能够听懂多少，记住多少呢？相比之下，我总是热衷带学生读儿歌。儿歌不仅押韵，而且具有丰富的教育意蕴。每天的晨会课，我带学生朗读一首儿歌，组织大家讨论一下儿歌，然后告诉家长："今天小朋友们学习了某首儿歌，回家可以复习一下，明天可以找我朗读，争取过关。只要过关了就能盖章哦！"比如，在开学第一周的晨会课上，我带学生反复读《七点半》这首儿歌：

七点半，
上学校，
北风唱歌我做操。

谁还躲在被窝里？

喵，喵，喵，

是只小懒猫。

读了又演，演了又讨论。通过讨论，小朋友们明白了，现在不是冬天，没有刮北风，就更应该早点儿起床，上学不迟到，尽量来学校上早自习。学校的早自习时间在晨会课之前，10 分钟时间，自愿参加。

于是，小朋友们课间总来找我朗读儿歌，相互比赛，看谁的儿歌书上的过关章多。学生通过儿歌认字，并且学习各种道理，懂得遵守不同场合的规则、纪律。

午休时间做什么

请学生尝试安静地做自己的事。开学前我就通知家长，给每个孩子准备一个美术工具箱，里面放水彩笔、白色 A4 纸、彩色 A4 纸、剪刀、胶布、胶水、橡皮泥……然后告诉学生："午休时间，你只要不离开座位，不发出声音，可以看书、写字、趴着睡觉、发呆、画画、折纸、剪纸，但是不能说话。因为说话会影响睡觉的小朋友。"刚开始教室里乱纷纷，只要学生违反规则，他的美术工具箱就会被我轻轻地收走。然后我温和地说："大家看！这是某某小朋友的工具箱，今天被我收走了。因为他违反了规则，所以不能玩了，只能安静地坐着。"连续三天收走多个学生的美术工具箱，每次收走的时候都温和地昭告全班同学，基本上人人就知道必须遵守的规则是什么，违反了规则会有怎样的后果了。只要违规者能在第二天当众复述出午休时间的规则，就能拿回工具箱。

这样的过程一而再，再而三地重复，最终每个学生都能掌握午休时间的规则了。我还时不时表扬："某某小朋友折纸折得好开心！自己玩而且玩得很高兴，这也是一项大大的本领哦！""某某小朋友又在看书了，真了不起！""某某小朋友美美地睡了一觉。会休息的小朋友是非常聪明的小朋友！"

从 9 月的第一天就这样教，到 9 月底，午休时间，我直接抱个靠垫进教室，不用再复述午休时间的规则，师生各自休息。我趴在靠垫上小憩，他们或者午睡，或者自己看书、写字、画画、折纸，教室里安静有序。我还单曲循环播放轻音乐。每次午休时间结束，我都能收获一大批充满爱意的礼物：画、小纸条、各种折纸作品……

学生有事可做并在各种具体的场景中体验过边界在哪里、违反规则必须承担的后果之后，规则意识就慢慢地被培养起来了，纷乱的一年级教室也就能慢慢地安静下来了。

为什么一年级学生常常撒谎

教师发现一年级学生常常撒谎。各种各样的谎言，有时候拙劣，有时候天衣无缝，有时候无伤大雅，有时候则造成教师与家长的重大误会。谎言的背后是什么？是道德品质问题？是家庭教养问题？……其实，教师有时候可以不从这些角度去看待一年级学生的谎言，而是尽快去解决面临的问题。

如果真的发现学生说了与事实不符的话，教师要考虑到一年级学生的年龄特点与心理特点，试着去理解谎言背后的真相。

理解学生的记忆偏差

曾发生过一次尴尬的家校互动：一大早一个家长连续不断地给我发信息，声明自己很尊重教师，询问我当天哪个时间段有空，她需要到校跟我面谈、解释。在交流中我发现，误会源于学生对父母转述老师的话时出现了问题。

前一天，我在教室里提醒没有完成安全教育平台上的作业的孩子，一一点名，并建议他们："回家找爸爸妈妈快快完成哦！并且要告诉爸爸妈妈，'因为你们没有及时陪我完成作业，我被老师点名了，真丢脸！老师觉得这是爸妈不够尊重孩子的表现'。"其实我是在教孩子们如何"教育"爸妈，结果到一年级孩子嘴里就成了"老师觉得爸妈不够尊重老师"。

这样的行为是撒谎吗？其实不是。是记忆偏差，是误会。这个误会是一个很好的提醒。此后我多次布置任务，让孩子回家转述我讲述的故事或者道理，然后请孩子将录音文件发到群里，我再把文字版发到群里，让家长们发现"沈老师讲的同一个故事，不同孩子有不同版本"的真相。在以后的家校联系中，家长就很少对孩子的话偏听偏信了。

之后，凡是比较有深意的道理或者建议，我都会在孩子们放学后，把文字版发给家长，以免造成不必要的误会。

觉得不合逻辑的时候不追问

学校的惯例是，每周一学生要穿校服，因为有升旗仪式。起初，我不仅在周五放学的时候会通知家长"请提醒孩子下周一穿好校服"，周日晚上还会提醒一次。一个月之后，我就省略了周日晚上的通知。

有一个周一早上，我发现学生 A 没有穿校服，于是一边找他家长的电话号码，一边随口问："你为什么没有穿校服呢？"A 脱口而出："妈妈说今天不用穿校服。"显而易见这不合逻辑。妈妈忘记了是有可能的，但不可能说"今天不用穿校服"。

我并不就这个问题跟他继续对话，而是尽快联系上他的家长，并告知："今天周一，学校规定孩子们要穿校服。如果家里实在没人送校服过来，也是可以理解的。只是大家都穿了校服，就 A 同学没穿，他会不自在的。"这样的对话基于孩子的感受，家长马上把校服送到了学校。

"妈妈说今天不用穿校服"的谎言背后，也许是恐惧。孩子有可能害怕被教师批评："你为什么自己记不住周一要穿校服？""你为什么不提醒妈妈周一给你准备好校服？"……这种恐惧背后是没有安全感，孩子觉得犯错误是一件特别严重的事。所以当察觉自己犯了错之后，他的第一反应是推卸责任，不敢承认。

教师需要消除学生的这种恐惧，这就需要与学生建立良好的师生关系，打造一间充满安全感的教室。当学生不再恐惧，他再犯错误时，才有可能主动承认错误并真诚道歉："老师，我错了。我忘了周一要穿校服。我会记住下周一穿好校服的。"这样的道歉才是有意义的，这样谎言才会越来越少。

不给学生制造持续撒谎的机会

一年级上学期的时候，因为英语还没有学写字母，所以学生每天的家庭作业就是读课文，读我给他们整理的讲义。一开始，为了督促他们养成良好的学习习惯，我会麻烦家长在讲义上签"已读 某月某日"。有心的家长会每天督促孩子朗读，并且每天更换日期，签好一串"已读"。而我会时常查看孩子们的讲义，并请他们读给我听。

有一次抽到学生 B，他的讲义上没有"已读 某月某日"的字样。如果我问："怎么没有签好啊？"十有八九就会听到："我读了，但是妈妈忘了签。"如果我追问："你什么时候读的？妈妈为什么不签字？"也许就会听到更多的理由。"你真的读过吗？"也许会刺激学生再一次撒谎。当然，"读了，但是妈妈忘了签"的可能也是有的，只是概率比较低。

教师在预知学生有可能犯错误的时候，比如撒谎，要尽量去阻止这些错误的出现。所以我看到家长没有签"已读"，不会问"为什么没签字"，也不会问"在家到底有没有读"，而是直接请学生读给我听。如果读得好，就过关，再叮嘱一句"下次读了请妈妈签好'已读'"；如果读得不好，就单独辅导，也叮嘱一句"今天回家好好听录音，好好跟读，读完签好'已读'。老师明天再来检查你读得好不好"。让这样的学生意识到教师对他的学业很重视，他没有漏洞可钻。

撒谎当然是不被鼓励的行为。面对学生的各种疑似谎言，教师要先去解决问题，再去探究学生是否撒谎。如果确认学生撒谎，教师的确需要去批评，去教育。学生如果养成撒谎的习惯，这对他的终身发展都会产生不良影响。

但是，对一年级学生而言，撒谎的原因就复杂很多。有可能是学生理解能力较差，有可能是记忆偏差，有可能是心存恐惧，有可能是为了逃避责任……这都需要教师用心去甄别。既不可简单、粗暴地去教育学生，也不可对学生过于宽容，而应给予不同程度的批评、教育和帮助。

为什么一年级学生大多不会整理物品

　　教师常发现一年级学生老是找不到学习用品。学生在桌面上若能按规定放好每节课的教材、铅笔、橡皮就已经很好了，如果临时让他们找一样学习用品，比如，前一天发的练习纸，教室里就会乱作一团。一不留神他们的桌面上就堆成小山，桌肚里就乱成"狗窝"。放学的时候，小朋友们简直如残兵败将，尤其是一些小男生，书包鼓鼓囊囊的，有的连拉链都没拉好，有的双手各抓着一两样东西。但是回家后又时常发现这本书或那样东西没带回家。

　　而放学后的教室，有的简直如同战场。桌椅歪歪扭扭，桌肚里总有奇奇怪怪的东西，地上碎纸片到处都是。总之，各种兵荒马乱。

让学生看到可以学习的范本

　　教师的工作非常忙碌，尤其是班主任。除了整理学科教学需要的材料、学生作业本，还要整理各种资料，班级用的各种杂物，天天要用到的粉笔和黑板擦，时不时要收取的各种家长回执，还有学生经常捡到的、无人认领的橡皮、铅笔……一不留神，教室里的讲台就会杂乱无章。

　　有的教师对此不以为意，反而理直气壮地批评学生不会整理课桌。但是，有经验的教师知道教师本人就是学生的学习范本，一定要让讲台时刻保持洁净。

　　我买来两个盒子，分别盛放白色粉笔和彩色粉笔，并且注意及时给这两个盒子补充新粉笔，丢掉粉笔头。我还准备了一个笔筒，收纳批改作业时要用到的红笔、签字和写相关材料时要用到的黑笔。我用一个盒子盛放学生捡到的铅笔和橡皮，每节课后都去查看教室里的作业本，收齐后及时收入书柜，哪怕不是自己所教学科的。时间长了，搭班的其他学科教师也会养成习惯。我将家长回执、单元小练习等整班要交的资料，及时用文件夹整理好，在第一页贴好便利贴，标注好还有谁没交，便于及时提醒学生。讲台上我还会放一盒湿纸巾，便于教师用过粉笔后擦手。此外，还会放一盆绿植，让师生养眼养心。

如果教室里有教师批改作业的办公桌，我同样会收拾整理好。桌子上也会放一两盆绿植，还会放一两瓶花露水、芦荟胶，孩子们可以用来防蚊止痒。我也会放上一盒纸巾，师生可以用来擦鼻子或者擦手等。

如果讲台洁净，学生整理的能力可能就会越来越强，因为他们眼前有范本。

每天都具体地去教学生

对一年级学生而言，整理书包是一项浩大的工程。教师要在一开始就重视指导学生，每天都具体地去教。现在有的家长会聘请专业的衣柜整理指导师，一年级学生也需要他们的班主任化身为专业的"书包整理指导师"。

我在开学第一天就带学生认识所有教材，每天在黑板上写好当天的课程表，带他们认读。在每天的晨会课上，我会按照课程表的顺序，指导他们从书包里取出当天要用到的教材，并按顺序放进桌肚里——便于换教材。我会请学生在课桌上放一支铅笔和一块橡皮，把铅笔袋放在桌肚里——便于换铅笔。最后要求学生把书包的拉链拉上。这样保证学生一天里不需要再从书包里找东西，而且便于每个课间快速地换教材，换下的教材就放桌肚里，就不会影响他们上厕所、喝水。指导了一段时间后，学生认识了所有的教材与课程名称，每天早上进入教室后，就会自动按课程表整理教材与书包。

放学的时候，我不仅要求学生清空桌面，收拾好书包，必须拉好书包的拉链，还会要求学生清空桌肚，捡起座位附近地上的纸屑，把自己的课桌椅按要求排列整齐。完成后，必须举手示意让我检查，通过检查后才可以去走廊里排队，等待放学。等到全班学生都去走廊里排队时，教室里的桌椅已经被排列整齐，桌面和桌肚都十分洁净，地面也无纸屑了。

他们为了快速地去排队放学，渐渐懂得要整天保持自己座位附近地面的卫生，保持桌面、桌肚整洁。

提醒家长共同教育孩子

一年级的孩子刚入学的时候个子小小的，被大大的书包衬托得格外可爱。每天一放学，等在校门口的爸爸妈妈或者爷爷奶奶就自动把大书包接过去了，都是一副对孩子"怎么爱都爱不够"的模样。

问题渐渐暴露出来。一开始，每天放学的时候，有好多孩子整理书包的时间是别的同学的几倍。每次我凑过去查看，就发现他们的书包里凌乱不堪：有的是家长回执的上联，有的是各科老师发的讲义，有的是课外书，有的甚至是小玩具……

为此，我一遍遍地通知家长：

请给孩子准备好透明文件袋，便于收纳各科讲义。分类整理讲义是一种能力，对孩子的学习有促进作用。爸爸妈妈要培养孩子分类整理资料的能力。

家长回执的上联留在家里即可，不用放在书包里。

课外书每天带一本就够了，定期更换，带太多的话既来不及看，书包也太重。

建议每天晚上请孩子自己整理书包，爸爸妈妈在边上指导，千万不要代劳哦！

上学不允许带玩具到学校里来。请检查孩子的书包是不是偷偷藏有小玩具哦！

您的孩子每天整理书包的速度较慢，全班小朋友都排好队等他，他会觉得不好意思的。次数多了，他有可能越来越不在乎，变成一个不追求上进的孩子；也有可能感觉越来越难堪，变成一个自卑的孩子。爸爸妈妈要重视孩子在小伙伴面前的感受，注意培养孩子整理书包的能力哦！……

后来，全班就两个孩子每天放学时整理书包的速度落后于平均水平。有一次，我干脆让他俩不背书包跟着同学们一起排队到校门口。别的孩子是放学回家，他们两个是认领家长，把家长带到教室。两个奶奶很紧张，以为孩子犯错误或者闹矛盾了。我安抚她们："两个孩子都是好孩子，只是整理书包的本领还是很弱的。我来教一遍。回家后请爸爸妈妈再教一遍。估计再过几天就可以追上同学们了！"

虽然我和颜悦色，但是她们还是通过对比别人家的孩子准时放学回家了，而自己家孩子明显落后，因而觉得有压力。我相信这两个家庭此时才会真正重视这个问题。果然，两三天后，这两个孩子整理书包的速度就上来了。经过询问了解到，后面几天家长才真正重视指导他们自己整理书包。

教育学生，有时候需要强调家校各司其职，有时候更需要家校合作。而学生整理书包的能力，本来是家长负责培养的。但当教师觉得家长对孩子的支持不够的时候，就理当积极而巧妙地去提醒家长更好地去支持孩子，去教孩子应该在家里学会的本领。

面对一年级学生，我多次跟家长明确，以我多年的教学经验，我觉得那些把书包、学习资料整理得清清楚楚的学生，学习成绩差的很少；而学习成绩差的学生，把书包和学习资料整理得有序、清楚的很少。所以教师和家长从一开始就要不厌其烦地教学生分门别类地整理各项资料和书包。

无论用什么方法教，教师都别忘了自己就是教育范本，再具体地去教，并积极、巧妙地请家长配合。

为什么一年级学生总爱告状

提起一年级班务，如果让教师用一个字概括，大概率会是"烦"字。除了特别内向的孩子，其他孩子随时随地想跟教师交流，事无巨细地汇报，不分场合。在孩子眼里，再小的事情都是天大的事情，他们急着想让教师知道。

无论是在教室里、操场上还是餐厅里，无论是上课时、写作业时还是活动时，孩子们说得最多的往往就是"老师，他在……"，各种各样的"他在……"。有时候，课堂上教师发现某个学生非常执着地举手想要发言，但是示意他回答后却听到他的答案与教师的提问毫无关系，他只是告状"老师，某某某在……"。一不留神，教师的教学预设就这样被告状打断了。

发现他人不应该做的事和做错的事，大概是人人具备的能力。一年级学生有一个明显的特征——爱向教师告状，特别理直气壮，不遮不掩。面对这种情况，很多班主任会纠结：不理会吧，怕伤害到小朋友的感情；理会吧，那真是从早到晚都来不及应付。

让一年级学生理解不要总是盯着别人的短处、错处，是需要教师反复去跟学生强调的。"管好你自己就够了！"像这样的表述，对那些天真、热情的学生是一种打击，有些简单粗暴。而且，"管好你自己"跟"不要告状"之间没有绝对联系。可能有的学生会特别委屈："我已经管好自己了啊！但是我看到某某小朋友在违反纪律啊！"

我更愿意跟一年级学生强调"小朋友是老师管的"，一遍又一遍地重复，不厌其烦。这句话里，没有对告状者的否定，没有批评他"你连自己都没管好"，只是告诉他教室里有这样一条规则，并请他遵守这条规则。

如果一年级学生告状已经形成风气，教师一定要反省自己对待学生告状的言行是否合适。

不用任何言行鼓励告状行为

有时候，一年级学生爱告状是受到了某种鼓励。

比如，在课堂教学时，A 同学举手发言："老师，B 同学在玩橡皮。"然后，老师就没收 B 同学的橡皮。虽然老师并没有停下来批评、教育 B 同学，但没收 B 同学的橡皮这个行为本身就是无声地在鼓励 A 同学的告状行为。几次之后，一个个这样的 A 同学就会冒出来，有些学生甚至会本末倒置，自己无心听课，一直眼观六路，耳听八方，去找寻一个个可供报告的 B 同学。

或者，在自由活动时间，C 同学和 D 同学在玩闹，你一拳我一脚地"切磋"，都有分寸，都不介意，彼此开心。而一旁经过的 E 同学看见了，立刻找老师："老师，C 同学和 D 同学在打架。"如果这个老师过于重视这种情况，就会立刻化身警察去查案——除了阻止 C 同学和 D 同学的游戏，还会不断地追问："你们为什么打架？""谁先动手的？""小朋友之间要团结友爱。"这样的询问与教育除了让 C 同学和 D 同学感到无限困惑、无法回答之外，其实也加重了老师的负担。而最可怕的是，这样处理有力地助长了一个个 E 同学告状的热情。与自己无关的、他人之间并没有冲突的行为，都成了 E 同学们报告的题材。

教师要避免这样有意无意的鼓励。

在一年级入学第一周，我会反复强调："小朋友是老师管的。如果你看见小朋友犯错误了，你不用告诉老师，因为老师也会看见的。有时候老师看见了没说什么，不是不管，而是老师会根据情况决定什么时候去管，用什么方式去管。"

一开始怕一年级学生不理解，我还会结合实际情况提出具体要求。

比如，每次课堂教学时，我总会缓慢而清晰地告诉所有学生："从现在开始，老师要找出三个最不会认真上课的小朋友，并在心里记住他们的名字。你们不用帮我找。下课的时候我会宣布是哪三个小朋友。被记到名字的小朋友中午就不可以玩，只能留在老师身边，好好思考应该怎样上课。"

比如，如果要排队，我就会提前告诉学生："我要找出最不会排队的三个小朋友。你们不用告诉我都是谁，我会自己找。等三个最不会排队的小朋友都找到了，我就会公布他们的名字，而且会批评、教育他们。"

比如，孩子们就餐的时候，我会来回走动，并宣布："我要找出吃饭时讲话的小朋友。""我要找出吃完饭大声讲话的小朋友。""你们不要帮我找，我会自己找出来。"

....

由此，学生渐渐地理解了"小朋友是老师管的"，很少动不动就找我告状了。

不培养过于得力的小助教

大多数一年级小朋友的动手能力、理解能力较弱，让这么年幼的孩子偶尔帮教师拿一下作业本、去办公室取一张表格，我都担心他们不能胜任。

但的确有学生格外聪明伶俐，教师的话一听就懂，还会举一反三。这些学生在教师的教导下，甚至可以独立地管理班级里的其他学生。

"站好队。你会不会站？站得好可以进教室，站不好就给我多站一会儿。"一个在走廊里训练学生排队的小助教这样说。

"做眼保健操的时候不许睁开眼睛。某某某，你睁眼睛了，你的名字被记下来了。"一个监督学生做眼保健操的小助教说道。

"音乐课上某某某被批评了。"一个小助教负责向班主任汇报小朋友去专用教室上课的纪律情况。

....

这些小助教可能会成为一些淘气鬼的梦魇。但是，哪里有压迫，哪里就有反抗，有的淘气鬼的反抗方式之一就是盯着这些小助教，发现他们的问题，然后积极向教师报告。于是，教室里各种报告声此起彼伏。

教师要格外注意，不要培养甚至放任这样过于得力的小助教，不能让他们用他们以为拥有的特权随时向教师告状。

总之，学生之间是平等的，教导儿童是教师的职责，不是个别学生的特权。对于精力旺盛、总爱关注他人的小朋友，教师可以请他们多为班集体服务，而不是去管教其他同学。对于聪明能干的小朋友，教师可以多给他们创设展示才华的舞台，让他们用优秀品质去影响同伴。教师要多强调"小朋友是老师管的"，不鼓励学生的告状行为，不培养帮助教师管理学生的小助教。这样才有利于构建不轻易告状的班级氛围。

第三辑

如何提高学生的综合素养

所有的教，都应该发生在事前，不能事后用各种严厉的"训"来替代。每个独立的生命，在教师的悉心教导下，愿意成为更好的自己，成长才可能真正发生。

培养学生的意志力

每间教室里总有个别孩子缺乏意志力。他们缺乏意志力的主要表现为，控制不了自己的情绪，控制不了"多睡一会儿"的欲望而经常上学迟到……

对于这样的孩子，教师要努力培养他们的意志力。

激活沉睡的意志力

因在美国斯坦福大学开设自控力课程而备受赞誉的心理学家凯利·麦格尼格尔教授认为："意志力是一种不断进化的能力，是每个人都有的本能。"[①] 教师需要去寻找并创造合适的契机，让学生的这个本能萌芽并生长。

四年级班上有个男生叫严，几乎每天上学都迟到，写作业天天拖拉。他似乎缺乏意志力。

期末复习的时候，为了避免学生乏味，我在课上复习的间隙指导学生学习《英文三字经：适合中国小学生的拼读学习法》上的字母发音规律。我买了很多笔记本送给愿意课后学习这本书的学生，鼓励他们做笔记，也及时批改他们的笔记，并在班级里通报大家课后自学的进度。

严同学也来找我拿笔记本。我温和地表示："那本书不是每个学生

---

① 麦格尼格尔. 自控力：斯坦福大学广受欢迎的心理学课程 [M]. 王岑卉，译. 北京：北京联合出版公司，2021: 53.

都必须学习的。你教材上的任务没有完成，所以我不要你学习。"他说："可是我想学，也想要笔记本做笔记。""那你得每天先完成教材上的任务。"

也许是为了得到笔记本，以及笔记本上我的批改，他的英语作业渐渐地能够跟上大家的进度，基本上能够当堂完成课堂作业，课后如果需要订正作业他也能够及时完成，很少需要我反复提醒了。他的缓慢进步，可能得益于他在努力唤醒自己的意志力。从教师的"不要你学"到学生的"我想学"，最有力的支撑可能是学生自己的意志力。而教师则需要寻找合适的契机，推动学生激活沉睡的意志力。

培养学生的意志力

美国教育学者约翰·I.古德莱得教授在他的关于美国学校教育研究的调研报告书中指出："在过去的二十到三十年里，我们学到了不少关于人类思维能力的知识。但是，令人汗颜的是，教育界并没有重视这些知识。"① 很多孩子的意志力没有得到开发、锻炼，他们离开学校后就很难在真实世界里成功管理自我。"在高分数和高质量学校或受过良好教育的人之间画等号是矛盾的。这样做只会给国家带来致命的后果。"② 我们惊闻或者感到叹息的很多社会事件，有可能是当事人缺乏意志力导致的悲剧。

美国斯坦福大学的神经生物学家罗伯特·萨博斯基认为，现代人大脑里前额皮质的主要作用是让人选择做更难的事。前额皮质分成了三个区域，有"我要做""我不要"和"我想要"三种力量。

缺乏意志力的孩子常常是"我不要"做更难的事，"我想要"做容易

①② 古德莱得. 一个称作学校的地方 [M]. 苏智欣，胡玲，陈建华，译. 20周年纪念版. 修订版. 上海：华东师范大学出版社，2014: 332，333.

的事。遵守规则、及时完成作业、控制情绪，与不守规则、写作业拖拉、随意发脾气相比自然要困难多了。班级里的学困生、常违纪的学生往往更缺乏意志力。

教师可以在班级里培养学生的意志力。例如，每天占用晨会课的3分钟时间，让学生逐日轮流表述"我要做""我不要"和"我想要"做的事，教师列好表格及时记录发言内容，并贴在教室的墙壁上，用来提醒每个发过言的学生自己应该做的事和希望自己能够做到的事。暂时没有轮到发言的学生自然也会每天思考"我要做""我不要"和"我想要"做的事。

这样的练习会帮助学生逐渐习惯三思而行、自我约束、集中注意力，从而提升自己的意志力。

开展意志力训练

低年级教室里容易出现缺乏意志力的学生，他们常常扰乱课堂秩序。"安静！""不要讲话！"教师发布这种指令往往很难立刻奏效。很多时候教师不得不提高音量或者发泄怒火。

教师要注重对低年级学生开展意志力训练，让他们学会控制情绪，遵守课堂秩序。

在午休值班时间或者下雨天的活动课上，我一般要求学生在座位上自己玩。我会播放轻柔的音乐，他们可以画画、折纸、看书、打盹，但不可以吵闹。要让50多个学生做到安静地自己玩绝非简单的事情，需要教师长期不懈地进行意志力训练。

一般我都先播放音乐，然后请他们坐端正，闭上双眼，安静地听5分钟的音乐。他们闭眼的时候，我轻轻地提醒他们："只有教室里很安静的时候，这样优美的音乐我们才能听见。音乐声在教室里轻轻响起，同学们安静地读书、画画，互不打扰，这样的教室多美好啊！请你们在心里告诉自己，等会儿自己玩的时候，一定不要发出声音。要知道，能够高高兴兴地自己玩，而且不发出声音，是一种本领。希望你们都拥有这种本领。"这样的静坐对提升意志力有很大的帮助，学生会慢慢学会不再随便吵闹。

如果上课中途学生出现轻微违纪的情况，我会请学生停下手里的事情，跟着我一起练习深呼吸，呼气、吸气。这样训练几分钟后，人会感到平静，有控制感，能够克服一些欲望——包括违反课堂纪律而讲话。

意志力可以帮助人把一些良好的行为习惯化、自动化。教师在平时的教学活动中可以注意对学生多开展意志力训练，让他们渐渐成为行动的巨人。

对于学生的很多问题——上学迟到、写作业拖拉、不遵守纪律、攻击同学等，有的教师很容易将这些归纳为品质问题。这些问题学生也就很容易被贴上"不爱学习""没有规则意识""与同学不会友好相处"等诸如此类的标签。

其实，这里可能存在一种原因，即学生自己知道"我要做"和"我想要"，却常常"我不要"。他们不是故意跟教师不合作，而是缺乏管好自己的意志力。教师应该透过学生问题的表象，真正察觉学生意志力的问题，并在平时的教学活动中加以关注，不断培养、提升学生的意志力。

教室里的性格教育

很多年来，我一直觉得性格教育的主要场所是家庭，从没想过性格教育可以成为学校里的一门科目，教师可以系统地对学生进行性格教育。

对于"学校如何进行性格教育"这个话题，我并不能很好地回答。但我在这几年，通过自己的阅读与实践，深信性格是可以塑造的。如果教师教育孩子们关注性格，那么，他们的性格就可能得以改善。

我尝试去教导孩子们关注性格，并在这个过程中关注个人的成长。

激发孩子的热情

有一年，一位外地朋友带着她 6 岁的女儿来我家小住。她的孩子最吸引我的性格特征就是热情。有一次，去饭店用餐，她们先进入餐厅，我们去停车。等我们进入餐厅的时候，远远看见那个 6 岁的孩子满脸笑容、高兴地挥着双手招呼我们。她知道在公共场合不能喧哗，所以只有笑容与动作，并没有出声。那一刻，我必须得承认，这个热情的 6 岁孩子，与黏着妈妈看都不看我们一眼的小孩相比，更令我萌生好感，更加喜欢。

热情是非常可贵的性格特征。它会让一个人更容易获得他人的好感，也就更容易得到他人的帮助甚至信任。大多数孩子的热情来自父母的熏陶，而那些得不到这种熏陶的孩子，教师可以激发他们的热情。

带低年级班级的时候，我从一开始就刻意教导孩子们早上进教室时要跟老师问好。有的孩子每天进教室都非常热情地说"老师好"，满脸笑容，让人见之可喜；有的孩子则明显只是完成任务式地来一句"老师好"，但也不刻意躲躲闪闪，神态自若；还有的孩子，则很难把"老师好"说出口。年龄小的孩子，羞于开口说"老师好"，或者敷衍地说"老师好"，与其说他不懂礼貌，不如说他没有养成跟人打招呼的习惯。这可能跟他的家庭教育有关。他可能自小就生活在很少跟他人热情互动的环境中，也可能是性格原因。教师要帮助这样的孩子养成热情问候的习惯，并让他们体会到热情待人的愉悦感。

不管是对哪种性格的孩子，我都会满脸微笑地问一句："早上好！"遇到犹犹豫豫、不肯打招呼的孩子，我总是先开口问好，并叫出他的名字。有时候会加几句家常话："今天早饭吃了什么？是谁送你上学的？"热情是在鼓励中培养起来的，不可能在批评中萌生。要想激发孩子们的热情，只能持续不断地去鼓励，去示范，让他们体验到被热情对待的愉悦感，他们才有可能慢慢积淀起自己的热情并渐渐释放出来。

保护孩子的好奇心

孩子对外部世界的好奇心越强烈，他探索、求知和创造的欲望也就越强烈。教师要保护孩子的好奇心。

低年级教室在底楼，走廊的一侧就是密密匝匝的杜鹃花，花丛里还种着一排高大的樱花树。这自然会带来各种小生物。下雨天的活动课孩子们不能去操场，我就带他们在走廊里玩。他们自然而然地去关注花丛里的各种小生命，常常会发现各种昆虫，时常抓了它们拿来给我瞧。有一次，孩子们抓了大大的蜗牛找我来献宝。事实上，我实在惧怕这类软体小生物。但是，面对这些孩子，我必须掩饰自己的惧意，并就势跟他们玩游戏："我们来说一说含有'牛'字的动物吧！"在孩子的欢呼声与七嘴八舌里，在忍耐某个男孩将他爬有蜗牛的手背在我眼前晃来晃去中，我们说起了各种动物名称，孩子们乐不可支。

春天的时候，樱花树上渐渐垒起来一个鸟窝。有一天，下雨的活动课，我带孩子们照常在走廊里玩，听到啾啾的叫声。我踮起脚一看，鸟窝里露出几个毛茸茸的小脑袋，我忍不住出声："小鸟出生了！"孩子们纷纷围过来，他们个子不够高，都看不到，着急得不行。我搬来课桌，让他们依次爬上桌子站起来看小鸟。在排队看小鸟的时候，他们反而安静下来了，还不断地轻声讨论："下雨了，我们要不要给鸟窝加个盖子？"有的立刻就反驳："不可以，这样会吓到鸟妈妈的。鸟妈妈就不会回来喂小鸟了，小鸟就会饿死的！"有的忍不住担心："那小鸟被雨淋会不会生病啊？"

这一刻，他们并不需要从我这里得到明确的答案。他们有了好奇心，会想办法获取知识，这比教师从一开始就告诉他们答案要有意思多了。

培养孩子的乐观精神

乐观是指精神愉快，对事物发展充满信心，是一种可以学习掌握的态度。它可以帮我们从积极、美好的角度诠释发生在我们身边的一些让我们不高兴的事情。

有一次听同事提起，她爱人几乎每天都问读一年级的儿子："今天在学校里有没有人欺负你？"我听了很吃惊，建议她回家后跟爱人说明，这样询问非常不合适，会给孩子心理暗示，让孩子把同学间无意的行为看成有意的伤害，总感觉自己是被欺负的那一个，他的性格可能就会变得脆弱。

这样的情况也时常发生在我所教的班上。有一次，男孩飞在活动课上疯跑，撞到了同学，我责令他坐到我身边的大树下休息。这时，一个平时经常跟他一起玩的小朋友亮过来，坐在他身边，跟他说笑。而飞显然对我的指令"不准去疯跑"感到很不痛快，就对亮的说笑明显有情绪。我看着他们斗嘴，见亮并没有任何伤害飞的言语，也就随他们去了。

然而，当天晚上飞的妈妈就声称飞被亮欺负了，非常心疼与焦虑。我一方面陈述了亮和飞没有任何肢体接触，亮对飞也没有任何语言伤害，另一方面也建议飞的妈妈重新理解"被欺负"。当然，第二天我需要跟飞面谈。我指出："亮既没有打你，也没有骂你，所以你并没有被欺负。你不能因为当时不喜欢他跟你说笑，就觉得他的说笑是欺负你。其实，亮一直是你的好朋友。他看到你被老师'禁足'了，并没有自己跑开去玩，而是一直陪在你身边，跟你一起吹风、聊天。他跟你所有的说笑，都是因为他把你当作好朋友，想陪陪你。"飞听后态度明显释然。也许他在老师的帮助下能渐渐理解亮的言行不是在欺负他，而是友谊的表现。

一个对世界、他人抱有善意，持乐观态度的孩子，不会轻易觉得他人在欺负自己。所以教师平时在跟孩子的相处中，要多指导孩子理解他人的善意，这样他才能够更乐观。

性格具有非常强的可塑性，是可以通过练习而强化的人格特征，因此教师和家长都应重视和加强对孩子的性格教育。

培养学生健康的人格

希腊神殿上有一句箴言——认识你自己。连成年人认识自我和指导自我都很难，更何况儿童。但正因为如此，儿童的成长，尤其是人格成长，更需要成年人的关注和教导。

人在童年时期出现的心理问题，有可能影响到此后的人格发展。教师在陪伴学生成长的过程中，要格外重视培养学生健康的人格。

表扬学生的努力

看过一个案例，一个人到友人家做客，看到友人年幼的女儿惊叹："好漂亮的女孩啊！"但是，友人却阻止她继续这样赞美。不少孩子经常听到他人赞美自己的容貌，这对孩子而言并非好事。他们有可能因此更追求自己的外在美，或者以为凭借自己的容貌理应得到更多的善意与关心，并因此产生优越感，从而失去了奋斗的目标。

有的孩子在学习某些技能的时候比较有天赋，比别人更容易学会，学好。对此情况，父母或者教师容易对他们的能力大加赞赏。一旦没有获得赞赏，有的孩子可能会失去继续努力的动力，这对孩子的长远发展来说，弊大于利。

教师要看得到学生的各种努力，并加以表扬，而不要停留在赞美他们的各种优越之处上。比如，一个学生钢琴弹得好，教师可以对他说："你一定很喜欢音乐，花了不少时间去练习吧？"一个学生作文写得好，教师可以对他说："你的阅读量一定很大，而且很善于观察和思考。"这种对优秀学生的表扬，会很好地激励其他学生。他们会渐渐确信："那些优秀学生的成绩，是他们经过了不断努力获得的。只要我好好努力，也会在某一方面取得优秀的成绩。"

班上有个孩子叫明，从小学习书法，经常参加校内外的书法比赛，并获得各种奖状。他们上三年级的时候我刚接这个班不久，他的一张获奖证书从教导处转到我手里，我准备在周五下午的班会课上发给他，所以周五早上将证书带到教室并放在讲台上。结果，有孩子在课间看到了证书，轻飘飘地说："又是明的证书啊！他一直得奖的！他的字本来就写得好！"言语间没有流露出半点儿对明的努力的认可，反而是掩饰不住的妒忌。这种妒忌提醒我，在给明颁发证书的时候，我需要重点描述他如何辛苦地每天练习书法，每天如何坚持。对于这张证书的含金量与荣耀，我并不做任何渲染。

如果教师经常表扬表现出色的学生，其他同学就可能会感到自卑和不安。他们就可能会更容易放弃努力，更接受自己的失败，妒忌甚至仇视表现出色的同学。长此以往，这些学生的心理可能会阴暗，他们可能会制造各种麻烦，渐渐成为问题学生，他们的人格发展也可能会出现偏差。

鼓励学生上进

有些学生在成长过程中格外追求优越感，并将之作为自己努力的首要目标。他们希望自己在更多方面成为班级里最好的学生，一点儿也不掩饰自己的勃勃雄心。心理学家阿尔弗雷德·阿德勒指出，有些儿童会将对优越感的追求转化成对有益的成就感的奋斗。他们试图取得教师的好感，注重整洁和遵守秩序，逐渐成为正常的学校儿童。但是，经验让我们明白，这样的儿童只占少数。他的这种结论让人触目惊心。

吴非老师在《前方是什么》里记录了两个片段："某年高考数学试题比较容易，一些名校的学生考完后站在考场门口失声痛哭，只因为他们的优势难以显出来。""有学生在作文中说'这次我终于考了全班第一，出了一口恶气，报了一箭之仇'。"① 这些案例提醒我们，教师平时在鼓励学生的时候，要注意激发他们的进取心，但不必唤起他们的雄心。比如，在表扬考试成绩有极大提高的学生的时候，不必告诉他在班级的排名，更不必以"你这次考了第二名，争取下次打败第一名"这种话来刺激他的雄心。不然，学生日益澎湃的雄心可能会让他们视同学为假想敌，以超越别人为唯一目的。他们的生活与视野也可能日益狭窄，养成让人不舒服的性格特征。看到别人成功，他们可能很难会为别人高兴，经常愤怒。

我在班上不鼓励同学互相竞争，尤其不鼓励优秀学生攀比成绩。班级里雄心勃勃的学生越多，这个班级就越像战场，大家总想战胜对方，和谐的班级文化就很难建构，伙伴之间的友谊就很难建立。教师要判断出学生在哪个领域内的努力更有希望，这样才能更好地帮助学生。

追求上进是好事，但夹杂太多雄心则值得教师警惕。雄心不一定是美德，不一定值得鼓励。过分的雄心往往会妨碍孩子的正常发展，甚至会让孩子产生过大的压力。时间一长，孩子就会难以承受。

指出学生的不足之处

每间教室里都有一些孩子，经常激怒教师，招惹同学。他们并不在乎学习成绩是否优秀，也不在乎能否得到教师的好评。能够让教师抓狂、让同学发笑，可能才是他们觉得最有成就感的事。

面对这种孩子，教师如果采取严厉措施，或者经常指出他们的不足之处："你的计算能力连一年级孩子都不如。""你的字写得真难看。""你只有一年级孩子的阅读水平。"他们就可能更加不思进取，反而会退步。

有一次放学的时候，学生俊在写语文作业。我问他："为什么就你

---

① 吴非. 前方是什么 [M]. 北京：中国人民大学出版社，2017: 42.

留下来写语文作业？"他答："语文老师说我的字写得太难看了，让我重写。"我说："看了你写的字，我觉得你可能是握笔姿势不正确，也有可能写作业的时候没有集中注意力，就想赶紧写完出去玩。"然后，我示范了正确的握笔姿势，并叮嘱他："你接下来写作业的时候，不要想别的事，就想着眼前的作业。也许，你的字就能够达到老师的标准了。"等我忙完再去教室的时候，看到俊已经在收拾书包。他高兴地说："我的语文作业已经过关了！"

教师以温和的、充满关怀和理解的语气，指出学生的不足——握笔姿势不正确、写字时不专心，回避了直接指出结果——字难看，这样反而能让学生在心理上更好地接纳建议。

教师应该注意指出学生在各项活动和人际交往中的具体问题与不足之处，尽量淡化这些问题与不足之处造成的结果。

不了解儿童的生活背景就无从理解儿童在活动中的表现。事实上，儿童的人格是通过他们在环境中的行动表现出来的，而不是通过他们对自己的看法和想法来表现的。所以，教师要走近儿童，多了解儿童，只有这样才能通过儿童的行动来认识他们的人格，并及时干预儿童的偏差行为，从而真正培养儿童健康的人格。

孩子需要尊重

无论是不是班主任，在教室里教师们经常为一件事情而烦恼，那就是教师提前布置孩子应该准备的材料，或者要回收的相关回执，总有孩子没准备好、没带来。而这可能会令这个孩子无法真正参与当天那节课的学习活动，只能当个旁观者——这令教师为孩子感到遗憾；或者会使班主任不能及时上交各种资料，并受到负责人的批评"又是你们班不及时交"——这令班主任感到焦虑甚至生气。每天早上，经常听到、见到老师因为各种事宜联系学生家长，请他们补送材料。花费了时间、精力，效果却并不好。有的家长是真的忘了，道歉并表示会尽快送过来，还不太耽误事；有的家长常常不给孩子准备，总以"这会儿上班，家里没人"为由不配合教师。有时候，有的教师或者个别家长难以掩饰自己的情绪，导致双方都不痛快，影响日后的家校合作，最终影响到孩子的成长。

为什么有的家长嫌教师麻烦？因为他们可能觉得教师在对他们指手画脚。事实上，有的教师也经常说这句话："请各位家长配合。"这句话本身没有问题，但是它把孩子们排除在外了。教师与家长打交道，是因为孩子。教师对家长提出配合的相关要求，也是为了孩子，不是为了教师。

所以，教师对家长提要求的时候，一定要从孩子的需求角度出发，让家长考虑、重视孩子的需求与感受，这样他们才会更好地配合教师。

引导家长重视孩子在人前的感受

我们学校的校服有夏季套装和秋季套装两种。除了冬季，学校都要求孩子们每周一穿校服，因为有升旗仪式。细心的班主任会在周五放学时向孩子们强调，甚至在周日晚上给家长发提醒消息。但是每次到了周一，仍然有几个孩子没穿校服。

孩子没按要求穿校服，在有的家长看来不是什么大事，但对班主任而言，这意味着工作不到位，会收到负责人的提醒甚至受到批评。这个时候，班主任一般还得联系家长，希望他们配合，尽量在升旗仪式之前把校服送过来。但不是所有联系都有好的结果，有的家长会以"我们都在上班，家里没人"为由婉拒教师的要求，且不认为自己不配合教师。

这样的事我也遇到过。我联系家长的时候，对方很简单地回复我："我们都在上班，家里没人，可不可以这次就算了？下次我们一定注意。"我于是温和地回答："可以的。我保证不会因为孩子没穿校服而批评他。但是，所有小朋友都穿着校服，就他没穿，估计他会很尴尬、很难堪的。"让人意外的是，在升旗仪式开始前，这个家长把孩子的校服送过来了。

这件事极大地启发了我。教师在跟家长提要求的时候，不要提他们的不配合给教师带来的麻烦，而要强调会让孩子面临怎样的处境。

放学时有的家长没有准时过来接孩子，教师又有会议要参加，陪着孩子在校门口等家长，各种焦虑。在终于见到家长的时候，教师可以告诉家长："您迟到了，该跟孩子道个歉哦！大家都走了，就他被留下来，在校门口等家长，他会难过的。"

在体育课上要用的跳绳有的家长始终不买，数学课上要用的七巧板有的家长始终不买，美术课上要用的工具孩子经常缺这儿缺那儿的时候，教师可以告诉家长："您的孩子又没有带工具。他经常可怜兮兮地喊'老师，我没有'。我都会尽量帮孩子借。但有时候孩子也不说，那时候他一定特别难受。"

在节目彩排的时候，有的家长忘了给孩子带演出服，又懒得特地送过来，教师可以说："彩排没关系的，只是孩子看到别的小朋友都穿上了漂亮的演出服，自己却没穿，会很尴尬的。"

这样的表述都基于孩子的感受。只有这样的表述才能触动家长的心，他们才可能会尽力配合教师。

引导家长尊重孩子

班级里有好几个孩子，在入学一两个月后各方面的表现比较突出。但这种突出，不是因为他们优秀，而是各方面表现滞后。仔细研究一下，发现这些孩子的名字经常被教师点到。

某某小朋友，早上再早一点儿来上学，争取能参加晨会课。

某某小朋友，昨天发下去的小练习今天要交的，你又没带，明天带过来。

某某小朋友，今天下午有广播操比赛，你又没穿校服。家里有人能帮你送来吗？

尽管我提醒与询问的态度很温和，但我仍然注意到孩子的各种难堪。这样的提醒与询问多次出现，并集中在几个孩子身上，看来仅仅靠事后联系与提醒家长已经不够了。

教师应该引导家长了解长期不尊重孩子的后果，这样的引导更多应该在事前，而不是事后。在平时的家校联系中，我会群发以下观点：

希望各位爸爸、妈妈尊重孩子。

一个孩子经常在同学、老师面前没有面子，他以后可能会自卑，也许会因此而不愿意追求上进。

我在教室里跟孩子分享班上一位优秀同学的妈妈尊重他的事例。美术老师要求回家完成一幅作品，这位同学想画一个亭子，但是一时又想不出画怎样的亭子。他妈妈知道了，就用手机给他查图片，查到理想中的亭子模样。他在这个基础上做了调整，把它画到了自己的美术作品中。我跟孩子们说："我认为他的妈妈很尊重他，注重他在美术老师眼里的形象。如果他美术作品完成得好，美术老师就会表扬他，他就可以在美术老师面前很神气。"相关事例也会群发给家长，向家长传达孩子需要尊重这样一种观念。

次数多了，有时候有的小朋友忘了带回执，过来向我借手机给家长打电话，在要求爸爸妈妈送过来的时候，会批评爸爸妈妈："你们不尊重我！不把回执帮我签好！"也有的小朋友这样表扬自己的爸爸妈妈："我觉得我爸爸妈妈很尊重我。他们每天都会看老师发的通知，看看老师要求我做什么、带什么。他们会提醒我。"

孩子们渐渐要求爸爸妈妈尊重自己，他们也会去向父母提出这样的要求。这远比教师的劝说效果好，家长们也会更好地支持教师，与教师合作。

引导孩子注重个人形象

我们的美术老师负责全年级的美术教学，每间教室她每周都去上两次课。她对我说："你们班一直是最干净的。"我视为最高嘉奖，开心了大半天。保持教室干净也是需要教的。而教会孩子们保持教室干净之前，要教会孩子们重视自己的个人卫生，注重自己的个人形象。

我教导孩子们要注意个人卫生。春、夏、秋三季，我经常让他们比一比谁的头发香。夏天要求他们天天换衣服，春秋两季也要求他们经常换内衣。到了冬天，我会让他们天天洗脚，天天换内裤和袜子。

我还爱盯着他们的衣服看，会提醒他们注意保持衣服整洁，尽量不要弄脏。如果脏了，要请爸爸妈妈及时换洗。我经常称赞外套干干净净的小朋友。在这样的熏陶教育之下，原先不讲究个人卫生的孩子也会渐渐养成良好的卫生习惯。

只有孩子们有了明确的个人卫生意识，有了基本的审美观念，在意个人形象，他们才有可能愿意保持教室干净。

我从来不提"班级卫生"这样的词，只是告诉他们，我很在意他们的桌面是否干净。谁的桌面干净，我会表扬谁；谁的桌面脏了，我会批评谁。甚至，开学以来，我组织了两次擦桌子活动，要求每个小朋友自带旧牙膏、旧牙刷和小毛巾，把桌面和桌肚擦了又擦。我也告诉他们，我很在意他们桌椅周围的地面是否干净。每节课的课前两分钟，只要我没有课，必定在教室巡视，要求他们把桌椅对齐，捡起地面上的纸屑，会及时表扬："某某小朋友周围的地面总是保持得很干净。他真是一个讲究卫生的小朋友。"

教育的目的之一是让孩子向真善美成长，这需要家校共同努力。在家长配合不到位的时候，教师可以不对家长强调"请多支持教师工作"，而是唤醒他们理解孩子在教师、同伴面前的感受，注重孩子在群体中的个人形象。与此同时，教师可以教会孩子要求父母尊重自己。一个注重自己个人形象的孩子，才可能真正向真善美发展。一般来说，由注重自己个人形象的孩子组成的班集体，在纪律、卫生、作业等各方面的表现都不会差。

在细节中培养孩子的责任意识

我很期待把孩子们从一年级带到六年级，陪他们从儿童走向少年。喜欢斯霞老师的"童心母爱"教学理念，有时候观照自己，觉得跟孩子们在一起的时候，无论是童心还是母爱，自己都具备。

但在教育现场多年的经历提醒我，对学生的母爱万不可泛滥。学生毕竟不是教师的子女，他们需要成年人的温情，更需要教师的专业陪护。如果教师对学生凡事包办，学生就会失去成长的空间，对人对己的责任意识将会严重匮乏，于未来无益。

我特别注意培养一年级孩子的责任意识，从一个个细节做起。

一块小而洁净的毛巾

我几乎每节课的课后都在教室门口，叮嘱一年级的孩子喝水、上厕所。开学的时候，有的孩子一不小心就把水杯打翻，水洒在课桌上或者地砖上。他们一遇到"险情"，一般不会向我呼救"老师，我把水杯打翻了"，而会非常淡定地去教室工具箱里取小毛巾。这块小毛巾被我铺得整整齐齐，晾得干干爽爽。他们拿了毛巾，去擦拭自己课桌或者地面上的水，擦好以后，自己去卫生间洗毛巾，然后把毛巾放回原处，并把毛巾铺平。不到半天，毛巾又会自然晾干。

这种应对方法是我从一开学就教给他们的。我知道在幼儿园，每个班级一般有两个驻班老师和一个保洁阿姨。一旦出现打翻水杯这样的情况，小朋友只要开口"老师，我把水杯打翻了"，自然有老师和阿姨及时处理。但他们已经从学龄前儿童成为一年级小学生，教师就该培养他们的责任意识。

所以，一开学的时候我就在晨会课上反复教导："打翻了水杯没关系的，你把问题解决了就好。"至于怎么解决，我手把手教：毛巾在哪里，用过之后怎么办……我教过之后，无论小朋友打翻了水杯后多么手忙脚乱，我都不批评，不焦虑，不帮忙，总是微笑着说："没关系，你去处理就可以了。我知道你不是故意的。"

一次次这样说"没关系""你自己处理就可以了"，孩子们反而打翻水杯的次数越来越少了。因为他们承担了打翻水杯的责任，并自己处理，所以会在拿水杯喝水的时候更加小心谨慎。而如果每次他们打翻水杯，教师就一边去训斥，一边去帮忙处理，那么，他们的责任意识就半点儿都不会树立起来，他们会照样不断打翻水杯。

自己整理书包

小朋友正式升级为小学生，书包就是他们每天重要的伙伴，放学时需要他们快速地整理好书包去排队。可是，班级里总有几个小朋友，整理书包要花费老半天时间。好多次大多数小朋友都在走廊里整队了，准备出发去校门口，那几个小朋友还在教室里手忙脚乱地整理书包。

这种情形十有八九是他们在家里有家长代劳的结果。我自然不去帮忙，也不去批评。他们赶不上放学时间，我就让他们不背书包，跟同学们一起到校门口。别的小朋友看到来接的家长后，跟我挥手道别；而这几个来不及整理书包的小朋友，则需要拽着家长的手，回教室继续整理书包。

次数一多，来接的家长面子上就挂不住了，小朋友也知道尴尬了，回家后家长就有意识地教孩子独立整理书包了。

同样，孩子们早上到教室后也需要自己整理书包。我要求他们按照黑板上的当天课程表整理。但有的孩子不用心跟我认课程表上的字，或者在家里没练过自己收拾书包和文具，于是收拾书包的过程就会非常慢。

我常常等他们收拾到一半的时候，告诉他们："我现在在心里已经数到5了，你们还没有收拾好。我看看你们今天能不能在我数到10的时候把书包收拾好。昨天我是在心里数到12的时候你们才把书包收拾好的。"这样的正面刺激非常有效，他们会尽快收拾，而我也会在最后给出一个令他们比较有成就感的评价和有奔头的目标："很好，今天我数到11，你们就把书包收拾好了。希望明天能在我数到10的时候就把书包整理好。"他们不仅会在收拾书包的时候比较专心，更有可能回家练习，慢慢培养起自己的东西自己收拾的责任意识。

放学去排队前的仪式

一年级小朋友对规则常常记不住。比如，保持地面卫生，有的孩子就是记不住。他们未必是故意抵抗规则，只是不往心里去。即使教师重复次数再多，也不能内化成他们应该遵守的规则。

从教师提出规则到学生把规则内化之间，差了一步，就是培养他们保持地面洁净的责任意识。而培养这个意识，有时候需要请他们承担相关责任。教训、斥责不一定能达到效果，有时候通过一个小小的仪式，就能够很好地培养起他们的责任意识。

在我们班，放学铃声响后，小朋友们收拾好书包后，是不可以背着书包直接走到走廊里排队的。他们需要把书包放到桌面上，然后举手示意："老师，收拾好了。"我就走过去检查他们周围的地面和桌肚里是否有纸屑。我一边检查，一边表扬："某某小朋友又是第一个去走廊里排队的小朋友！因为他周围的地面一整天都保持干净，放学的时候他都不需要捡地面上的纸屑。"我还会挨个报数："好的！你是第……个出去排队的小朋友。今天有进步。"大多数孩子有明显的竞争意识，不希望自己是最后收拾好地面的小朋友。

这是个放学排队前需要老师批准同意的仪式。这个仪式与孩子相关，倒逼孩子一整天尽量保持自己桌椅周围的地面干净。如果用班级荣誉来动员孩子们保持地面卫生，未必能触及他们的心灵，也就很难培养起他们的责任意识。

提高学生的社会适应力

儿童从幼儿园进入小学后，学校就对儿童提出了相当多的要求。儿童不仅需要努力掌握大量知识，还要找到自己在社会中所处的位置。他们越来越多地与他人一起进行群体活动，并且必须在不同的社会群体中行动。

教师要尽力帮助学生提高社会适应力，让他们渐渐顺利成为能够适应现实的社会人。

指导学生跟教师正面沟通

"我很烦躁，不知道为什么。也许是外面下大雨，心情很郁闷；也许是英语作业没写完……反正就是不开心！"有一天，从二（3）班班主任的朋友圈里看到学生松的日记，我纳闷地找到松同学。他是一个很聪颖的孩子，平时成绩很好。我轻轻地问："我没有布置英语作业，你为什么双休日有写不完的英语作业呢？"

他回答："是放心班老师布置了好多英语作业，还要我默写 48 个国际音标。"

我问："爸爸妈妈要求你必须完成放心班老师布置的作业吗？"

他点点头。

有的家长忙于工作无暇接送孩子，在延时服务措施出台前，孩子放学后只能去放心班。有的放心班老师在陪孩子完成学校布置的家庭作业外，还要求学生达到他们提出的学科知识目标，而这些目标往往偏高。有的家长要求孩子完成放心班老师布置的所有作业。

这样的孩子需要成人提供脚手架。心理学家维果茨基认为，脚手架不仅可以帮助儿童解决特定的问题，而且能够促进儿童整体认知能力的发展。

我把我的手机号写在一张纸条上递给松，说："下次放心班老师还让你默写国际音标的话，你就对老师说：'我们学校的英语老师说不用默写。'请放心班老师给我打电话，让我来帮你向放心班老师申请不默写。"松如释重负，小心翼翼地收好纸条。

在儿童的社会化过程中，他们需要各种脚手架来帮助他们以适当的方式思考和界定任务。教师应该为儿童提供适合其发展水平和行为塑造的各种脚手架，便于他们完成任务，并在他们独立完成任务后，及时拆除脚手架。

指导学生跟同学交谈的技巧

每次带孩子们在操场上玩，各个孩子的性格特点表现得特别明显。有的孩子立刻与固定的玩伴一起玩；有的孩子到处溜达，哪儿都去凑热闹，如果被某些小团体拒绝了，也没心没肺地继续高兴；有的孩子不合群，但也很自在地享受孤独。而最令人心疼与担忧的，是那些眼巴巴在边上看着别人玩、心里很想却不敢主动加入任何团体的孩子。

雅就是这样一个孩子。一年级刚开始上活动课时，她总是眼巴巴地站在那些小团体的外围，可怜兮兮地对我说："老师，没人跟我玩。"一开始，我抱着她，问清楚她想跟谁玩，然后把她送到她想加入的小团体中，并说："雅想跟你们一起玩。你们一起好好玩哦！"雅就会很投入地跟小团体做游戏或者奔跑。

时间长了，雅依然如此，粗心的我才渐渐留意到每次把雅送到一个个小团体的时候，那些小团体中的孩子们脸上勉强的笑容。我突然意识到，我虽然帮助了雅，却侵犯了其他孩子的权益。那些孩子在游戏时间有权利和固定的小伙伴玩。他们不一定不喜欢雅，只是已经形成了一个小团体。"许多研究人员注意到，在幼儿园、学前班及小学的同伴文化中，出现地位级别高，或是核心团体现象。这些核心团体中的成员经常一致对外，抵制新成员加入。"① 一般来说，越是成员固定的小团体，越是抵抗新成员加入。

而我这样一次次"帮助"她，其实对她来说，可能只是纵容。她可能会更加依赖我，而不愿意通过自己的努力去参与同伴间的游戏。长此以往，她与同学相处会更困难，难以提高自己的社会化程度。许多心理学家与教育学家认为，儿童在同伴活动中受孤立，会对其情绪发展产生严重的长期影响。我需要指导她与同学交谈的技巧。

于是，在之后的活动课上，每次雅对我说"没人跟我玩"时，我不再把她送到任何一个小团体了，只是一次次指导她："你可以观察一下，大家都在玩什么游戏。然后想想自己最喜欢哪个游戏，你就走过去跟他们说：'我想和大家一起玩。'或者你可以主动邀请小朋友和你一起玩你喜欢的游戏。你可以说：'我们一起玩，好吗？'最好动作快一点儿，省得小朋友被人拉走了。"这当然是一个艰难的开始，雅常常没有勇气，难得她鼓起勇气了，又常常被同学们直接拒绝。每次一被拒绝，她就更加退缩，总是抹着眼泪回到我身边。但我还是温和地坚持，只提供指导。

渐渐地，雅能够在活动课上和小朋友们玩起来了。她参与的活动团体人员并不固定。但是，在跟不同团体的互动中，雅渐渐了解并确立了自己在不同团体中日渐成形的社交身份。在有的团体中，她是微不足道的小队员；在有的团体中，她可以是个领导者。这取决于她是否在活动课一开始就叫到小朋友组成团队。但是，不管社交身份是什么，她都不再退缩而能够正常参与活动了。

---

① 科萨罗. 童年社会学 [M]. 张蓝予，译. 4 版. 哈尔滨：黑龙江教育出版社，2016: 170.

指导学生如何与朋友相处

班上有三个可爱的小男孩，他们身高接近，活泼、开朗，从一年级开始就成为最好的朋友了。无论是课间还是活动课，他们总是形影不离。有趣的是，他们三个经常闹内讧，几乎天天找老师告状。

当儿童与他人一起做游戏和合作时，他们学到的是自己所处社会中重要的东西，同时，他们对世界的理解也会有认知上的进步。我得指导这三个孩子如何与朋友相处。

我对他们说："我一直以为你们是最好的好朋友。"他们高兴地点头。

我说："但是，我又觉得你们不像好朋友。好朋友是不会故意让对方不高兴的。好朋友是不会打架的。好朋友是很愿意原谅、包容对方的。好朋友是不会因为朋友不是故意的行为去找老师告状的。"

三个孩子听得有些呆住了。

我继续说道："我请你们三个好好开个会，决定以后要不要当好朋友。如果还要当好朋友，就要包容，不能故意让朋友不高兴，不能打架，也不能因为朋友不小心碰到自己而去找老师告状。"然后我就离开了。他们认真地开了会，最后表示要继续当好朋友，保证表现得像好朋友。

此后，这三个孩子意识到好朋友的相处尺度，认可并遵循与朋友相处的规则，很少告状了。

教师在提高学生社会适应力的过程中扮演着重要角色。与学生相处时，教师要始终重视他们作为人的成长，着力去提高他们的社会适应力。受过社会适应力训练的学生与同伴的互动会更多，开展的谈话也会更多，而且他们会比训练之前更容易被同伴接受。

指导儿童同伴交往的策略

所谓同伴，对儿童来说，一般指日常生活中一起相处、一同玩耍的孩子。他们可以是住在同一个小区里的邻居，可以是亲戚，也可以是同班同学等。事实上，儿童接触最多的同伴往往是同班同学。这些同龄孩子之间的交往与互动，构建成独有的同伴交往文化。

站在儿童同伴交往文化的外围观望，社会学家、心理学家和教育家可以研究同伴交往对个体发展的正面影响与负面影响，研究社会对儿童同伴交往文化的制约与引领。而教师必须去指导儿童同伴交往的具体策略。

指导学生获取准入机会的策略

儿童一旦迈出家庭，他们和同伴的共同活动以及他们对一系列同伴文化的参与，就会变得和他们与成年人的互动同等重要。有一部分孩子，他们天然地善于加入各个团体，甚至非常受欢迎。但也有一部分孩子，他们往往很难加入各个团体。如果教师不加以指导，这些孩子往往会游离于各个团体之外，缺乏与同伴共同成长的经历，从而导致他们的社交、认知甚至运动能力的发展都明显滞后。

在低年级教学工作中，不难发现这部分孩子缺乏获取准入机会的策略。他们不是不想加入各种团体，只是不敢表达或者不会正确表达，那么教师就有责任、有义务去做具体的指导。

不要询问基本信息类问题

在课间或者活动课上，经常听到有的孩子问："你们在玩什么？""我可以和你们一起玩吗？"也许那些正在玩游戏的孩子十分珍视这种共享活动，担心请求者不了解游戏规则，担心其他人的加入会中断现有游戏，所以他们往往会直接拒绝。

教师可以提醒请求者，在试图加入游戏的时候，先在边上看一看。看明白他们在玩什么游戏，看明白游戏规则，想好了是否愿意遵守他们的规则，然后申请："我知道你们在玩……我知道规则是……我会遵守规则的。我和你们一起玩吧！"

当请求者询问游戏的基本信息的时候，同时传递出一个信号给大家："我不知道你们在干什么。"教师要让学生理解并做到，如果不知道人家在玩什么，就不要打扰他们；如果想要加入游戏，就不要问"你们在玩什么"，而是自己去观察并看明白人家在玩什么、怎么玩，看明白了再申请加入。

不要表达你对这个活动的看法

有的请求者往往还没加入游戏，就不断地在边上表达自己对这个游戏的看法："我玩过这个游戏，不可怕的！""这个游戏其实不好玩！""我不喜欢这个游戏，但是我想和大家在一起。"

这样的请求者，往往不一会儿就被同学们赶走："我们不要和你玩。""你不是我们的朋友。""走开！"

其实很多时候，也不是因为某些团体成员真正讨厌或者排斥请求者，只是孩子一旦启动了一项游戏或者活动，他们就会对自己的互动空间进行保护，想维持现状，将游戏之外的其他人视作对他们已建立的团体的威胁。

所以，教师要提醒那些请求者，在加入某个游戏或者活动之前，不要表达你对游戏或活动的看法。这个时候，他们对你的见解毫无兴趣。只有你表达出支持所有的游戏规则和自己对这个游戏的兴趣，大家才可能会接纳你。

不要反对或者批评活动流程

有的请求者一方面想和大家玩，一方面又忍不住反对、批评他看到的游戏或者活动流程。他觉得自己是好意，是在提建议。可是其他人会觉得"你无权这么做。你是外人"。一般来说，请求者越是对活动提意见，团体内的成员就越是会齐心协力地反对请求者的加入。

教师要提醒这些请求者，每个人都是不一样的。同学们有权那样玩，你不可以反对他们。你不喜欢他们的活动流程或者规则，可以不和他们一起玩；但如果想和他们一起玩，就不要提意见。

指导学生建立相互信任的策略

"友谊为儿童提供有关世界、他人和自己的信息。朋友为儿童提供了情感支持，从而使他们更有效地应对压力。"[1] 儿童通常是在日常的同伴交往活动中发展友谊的。在这个过程中，儿童有具体的衡量标准，来决定谁值得信任，谁不值得信任。

教师要教给学生同伴交往的策略。比如，答应了别人的事情要做到，不打扰别人，不给别人添麻烦，有能力的时候要多帮助别人，小事不计较……

也可以给予更具体的指导。比如，让学生对"最受欢迎的品行"和"最不受欢迎的品行"依据重要性进行排列。乐于助人、善于合作、有趣、有幽默感、能够欣赏他人的幽默、能够很好地理解别人、能够很好地控制自己的情绪，都是受大家欢迎的品行。不容易合作、动不动就生

---

① 费尔德曼. 儿童发展心理学：费尔德曼带你开启孩子的成长之旅 [M]. 苏彦捷，等译. 6 版. 北京：机械工业出版社，2015：268.

气、总想控制别人、总觉得自己是需要特殊照顾的，这些都是不受欢迎的品行。在欣赏他人受欢迎的品行的时候，一般情况下，儿童会自我对照查看自己有没有不受他人欢迎的品行，然后努力去修正，慢慢获取同伴的信任。

与他人建立起相互信任的关系，非一朝一夕之功，教师要尽心辅导，帮助孩子与同伴建立相互信任的关系。

指导学生保护团体空间的策略

教师要指导学生正确保护团体空间的策略。一方面，要尊重儿童对原有团体的排他性；另一方面，要刺激儿童注意到团体之外的其他同学有可能对本团体具备激励、引领能力。比如，一个爱好折纸的团体，几个学生一有空就聚在一起研究折纸，经常拒绝他人跟他们一起玩。时常有学生跟我抱怨："我想和他们一起折纸，可他们总不带我一起玩。"我问："你喜欢折纸吗？"如果答案是否定的，我建议这个请求者别去打扰人家；如果答案是肯定的，我会建议这个请求者带一幅自己的作品去申请加入。

沟通过程常常被团体的成员听到，这样他们就会渐渐明白如何保护自己的团体——既能果断拒绝凑热闹的人，又能积极吸纳真正有相同兴趣的人。

儿童在学校里不仅要学习文化知识和技能，更重要的是发展社会性。同伴交往是提升儿童社会适应力的主要渠道。教师既要关注儿童在同伴交往活动中的参与度，指导儿童顺利加入已有的游戏、活动团体，又要帮助儿童在团体内提升信任度，并以爱护与开放的心态正确保护他们的团体空间。

教给孩子道歉的方法

父母与教师总是要求孩子和小伙伴好好相处，然而，在孩子的成长过程中，他们常常与小伙伴闹各种矛盾，为此身心俱伤，有时影响甚至长达数年。如果孩子能学会道歉，很多矛盾其实是可以避免的。

孩子们需要接受明确的道歉教育。孩子们的重要成长空间——教室，当然更加不可缺失道歉教育。道歉也是有方法的，需要教师去具体地教。

教师要经常向学生示范主动道歉。有的教师过于看重自己作为教师的师道尊严，当自己出于各种原因出现失误、差错的时候，习惯为自己做各种辩解。比如，因有事上课迟到了几分钟，却找借口"我只是故意考验你们在没有老师在场的时候是否自觉遵守纪律"，或者"我只是想让你们写一篇《今天老师迟到五分钟》的作文"。类似这样的行为多了，学生就不难察觉真相。这样做的后果很危险，他们自然会学到推诿、找借口。如果教师在学生面前示范主动道歉，就会对学生产生正面影响。

表达歉意

由于疏忽或者忙碌，我们常在不经意间给他人带来不便甚至痛苦。这时，我们要主动说"对不起"。

有一次，刚上完英语课，讲台上放了这节课收的三套作业本——课堂默写本、课堂抄写本和英语练习册。每套都有五十多本，几乎堆满了讲台。尤其是练习册如果不用手扶好，就随时有可能从讲台上滑落。当时有学生过来找我谈话，我没来得及先安排学生把作业本抱到我的办公室去。虽然下一节语文课的预备铃还没有响，但语文老师已经拿着教材进来了。我立刻停止与学生谈话，马上向语文老师道歉："对不起！我的作业本把讲台全占了，害你没地方放教材了，影响你上课了。抱歉啊！我马上处理。"语文老师很礼貌地回答："没关系的。沈老师你太客气了。"

一句简单的"对不起"可以维系良好的同伴关系。我们在说"对不起"的时候尽量不要在后面加上"但是……"。如果我加上"但是，我一直在忙"就会抵消我的歉意，我的道歉就会变成毫无诚意的狡辩。

承认错误

承认错误是为自己的行为承担责任。承认错误并不会损害教师的形象，反而可以体现出我们的智慧、勇气与知错就改的品质。

我一直提醒孩子们做练习册上的题目时要遵循四个步骤：先看题目，圈出不会做或者不确定的题目；然后看书找刚才所圈题目的答案；接着合上书本做练习册；最后把做过的题目都检查一遍，检查的时候不可以翻书找答案。大多数孩子都按照这样的要求与顺序做练习册。

有一次，我看大多数孩子完成了练习册，就开始收练习册。这时候，英语成绩一贯中等偏上的鲁同学的练习册被平铺在课桌上，他靠着椅子背在翻看英语书。以他一贯的写作业速度，我以为他已经完成了，正在看书检查——而这是我不允许的。于是我开口提醒他："检查练习册的时候请合上书本，不可以翻书。"他一脸委屈地回答我："我不是做完题目后看书对答案，只是有几个单词没把握，还在看书准备。我还没有开始做题目。"那一瞬间，我知道我的提醒是对他做作业慎重态度的冒犯。于是赶紧道歉："我错了！我以为你在检查。"

有时候，光说"对不起"是不够的。而"我错了"可以表达更深的歉意，即我真正明白自己的所作所为是错误的。教师要向学生做示范，不为自己的过错言行辩解，真心承认自己的错误。

教师要经常提醒学生及时道歉。有些学生面对自己犯下的过错其实也有歉意，但是他们没有习惯及时表达歉意。这绝非好事。及时道歉可以在最大程度上减轻犯错的后果。

弥补过失

教师要教育学生在犯错后拿出具体的行动来弥补自己的过失。

有一次放学时，班上两个淘气的男生在走廊里挥舞自己的伞，无意中碰到班牌，把泡沫板制成的班牌砸了一个洞。这个班牌的制作费用应该不贵，只是它是学校总务处统一制作的。两个男生很自觉地来找我承认错误，一个说："沈老师，对不起！我们把班牌砸了一个洞。"另外一个急着补充："但是，我们不是故意的。"他们的神态都很放松，表明他们认为只要跟老师说对不起就没事了。这种道歉已经流于形式，他们的内心深处并无多少歉意。

我平静地说："我知道你们不是故意的。但是希望你们以后在走廊里不要把伞举起来，这容易伤到人。"两个孩子的神情立刻就放松了。我继续说："你们不用跟我说对不起。因为你们损坏的不是我的东西。"他们有些迷惑了。我说："我觉得你们要向学校总务处的老师道歉。因为你们弄坏了班牌，总务处老师必须尽快安排重新制作一块班牌。你们给他们添麻烦了。"最后，我明确提醒他们："第一，你们要跟总务处的老师认真道歉，因为你们给他们添麻烦了。第二，你们要去跟总务处的老师报备，请他们安排制作我们班的班牌。第三，你们要弥补过失。也就是说，要用具体的行动来弥补过失。班牌可能是由校外的广告公司制作的。虽然你们不是恶意破坏，但不小心弄坏东西也是需要赔偿的。你们向总务处问清制作费用，回家向父母说明情况，然后承担相应的后果——两个人分摊班牌的制作费用。"

真正的歉意要体现在为自己给别人造成的麻烦、损失甚至痛苦等做出弥补的意愿与行动。既要积极地弥补过失，也要真诚道歉。教师要注意引导孩子意识到，因为某些过失行为导致他人利益受损的时候，要主动承担责任，弥补过失。

真诚悔改

悔改意味着一个人认识到自己的行为给他人带来了麻烦甚至痛苦，他真心觉得抱歉，于是改变自己的行为方式，真心承诺并做到再也不这样了。

班上的李同学屡次因为传作业本而被同学投诉。每次从前往后传作业本的时候，他总是不好好地将作业本轻放在后座同学的桌子上，而是信手乱扔，常常把同学的本子扔到地上，然后轻描淡写地来一句"我不是故意的"，并得意地看同学手忙脚乱地从地上捡起作业本。

没有悔改就会让道歉毫无意义，教师要提醒孩子真诚悔改。如果一直停留在"对不起"，而没有"我不会再那样了"的意愿和行动，久而久之，同学们就会觉得他的道歉一点儿也不真诚，他也会渐渐在同伴之间失去信任与吸引力。

现实世界并不完美，也不存在完美的关系。大多数人或多或少会对他人产生误会，犯下过错，甚至造成伤害。建立良好关系的关键是及时、主动道歉。每个学生都要学会真诚道歉，这将有益于他们与他人建立更好的关系，发展人际交往能力。

帮助儿童融入团体

儿童到学校里来，除了学习文化知识，还需要掌握一种重要的能力，即同伴交往的能力。

儿童的同伴交往能力会影响他们整个童年。他们童年时候学习的同伴交往能力，很可能影响他们一生。

我通过对儿童的长期观察发现：在小学，尤其是低年级班级里，有的儿童属于"受欢迎儿童"，有的儿童属于"被伤害儿童"，有的儿童属于"被拒绝儿童"，有的儿童属于"被忽略儿童"，剩下的那些儿童基本上可以定义为"一般人气儿童"。受欢迎儿童似乎有天然的领导力，他们很自然地成为各种同伴活动的组织者，享受与同伴在一起的时光。一般人气儿童轻易不太会受伤，不怎么计较被同伴领导，性格比较随和，同伴合作的弹性空间比较大。从某种意义上说，这类孩子是幸福指数比较高的孩子。而教师的职责，则是要仔细观察儿童团体间的互动模式，尽快甄别出哪些儿童属于"被伤害儿童"，哪些属于"被拒绝儿童"，哪些属于"被忽略儿童"，并合理介入，给予帮助。

陪伴被伤害儿童

有的孩子好像极易受到伤害。同伴不经意间碰触到他的身体，不小心碰到他的文具，他被老师提醒时别人微笑……他都会觉得自己被欺负了。同时，他那种被伤害的情绪就会立刻流露。不同的孩子反应不同，有的孩子默默哭泣，有的孩子则号啕大哭，并投诉："他欺负我！"在这种情况下，教师需要及时抚慰他的伤口。但是这种抚慰，不是一味地去批评教育那个"伤害他的人"，而是引导他去理解别人并非故意的，减轻他被伤害的感觉。

有一次，我带一年级孩子们练习跳长绳。孩子们十有八九失败，有被长绳绊住脚的，有摔倒的……每个孩子出状况，都令边上的孩子们哄堂大笑。

"爱哭鬼"强同学摔倒了，小朋友们笑，他号啕大哭，一边哭一边嚷嚷："我恨你们！我讨厌你们！你们笑话我！我不原谅你们！"我劝他冷静也无效。

第二天晨会课上，我先跟全班小朋友分享了我在办公室闹的几个笑话。我问："你们猜老师们在笑话我的时候，我是怎样应对的？"

"你很生气。""你很难过。""你差点哭了。"

我笑着说："没有啊！我也觉得我闹的笑话太好玩了，也忍不住笑了。笑过之后，我觉得好开心啊！"孩子们忍不住跟着大笑。

我说："今天晨会课的主题就是，请你跟大家分享你闹过的笑话。"孩子们纷纷告诉我他们闹过的各种笑话，都是一边笑个不停，一边勉强地把闹过的笑话讲完。每讲完一个笑话，我都加一句点评："某某小朋友闹了一个笑话，大家都笑话他，可是他不生气，还是笑眯眯的。笑眯眯的小朋友最好看！"

笑话越讲越多，后面我的总结陈词他们都学会了。我一说出"笑眯眯的小朋友——"，他们就大吼"最好看"！

强同学也激动地举手，讲述了一个他爸爸小时候闹过的笑话（大概是他爸爸告诉他的）。我也点评："你爸爸小时候闹了笑话，可是他不生气，还是笑眯眯的。笑眯眯的小朋友——"全班小朋友大声接下句："最好看！"强乐得大笑："那是我爸爸！不是小朋友！"

"别人笑话我们的时候，我们可以不生气。"教师分享自己的经历和体验，帮助儿童学会以自信的、非攻击性的方式表达自己的情绪，其实也是在帮助他们增进与同伴的互动关系。

疗愈被拒绝儿童

"并非所有被同伴拒绝的儿童都会表现出危险的、破坏性的行为。然而,他们直到成年之后仍然在内心或多或少地受到这一问题的折磨。"[①] 心理学家的这段阐述值得我们警惕。

飞同学就是那个被拒绝儿童,特别敏感、脆弱。他没有学会积极建立友谊的技巧,为了掩饰自己被拒绝的感受,反而做出让同伴拒绝他的行为。比如,拉扯、推搡、阻止同伴活动……

每天午饭后或者活动课,只要天气晴好,我一定带一年级孩子去操场。操场上有厚厚的大草坪,孩子们都爱在草坪上打滚、奔跑,或者做各种游戏。也有小朋友选择和我一起坐在看台上,理由是"我想跟你说说话"。

飞同学会时不时从草坪上奔过来,挤在我身边坐下来。可是,他并不快乐,常常哭丧着脸跑过来。问他,他又总说:"我也想跟你说说话。"但我知道他最喜欢和朱同学待在一起,而不是我。

有时候,他会被朱同学推到我身边。朱同学生气地投诉他的各种捣蛋行为,而且,明显是把他丢给老师,自己继续去玩。在那一刻,飞同学的心都要碎了。他对着我哀怨地说:"我只想和她一起玩。""我没有捣乱。""她嫌弃我。"然后涕泗横流。

我问过朱同学。她说:"我愿意和飞一起玩。可是我们玩的时候,他老是不跟着一起玩,还捣乱,不让我去玩。"

我问飞:"活动时间你最想和谁一起玩?"

"朱同学。"

"她拒绝你和她一起玩了吗?"

---

① 威特默,彼得森,帕克特.儿童心理学:0—8岁儿童的成长 [M].金心怡,何洁,译.7版.北京:机械工业出版社,2021:361.

"没有。但是，她老是去和别人玩，也不好好和我说话。"

"当她和别人玩的时候，你就跟过去啊！这样就可以继续和她一起玩了啊！她不许你跟着她了吗？"

"那倒没有。"

"你找到办法了吗？怎样做既可以和她一起玩，又不会自己不高兴？"

"她去哪里玩，我就去哪里。"

渐渐地，他和朱同学玩得越来越好了，不再觉得自己是被拒绝的那一个。而获得同伴的接纳，可以帮助他避免许多不良情绪。

守护被忽略儿童

被忽略儿童通常在同伴交往中表现出退缩行为。他们可能长时间独自玩耍，没有表现出与他人互动的愿望。而在同伴互动的时候，他们可能会害羞、焦虑和紧张。

琴同学就是一个典型的被忽略儿童。刚入学的时候，她很愿意自己不被老师和同学关注到。每次我试图靠近她，她都露出焦虑、紧张的表情。这样的表情让我觉得我的主动靠近对她而言是很大的困扰与压力。

亮同学除了每天早上进教室会说一句"老师好"之外，一整天几乎不回应老师一句话。

一年级新学期开学的第三周，琴同学的妈妈联系我，说琴同学不肯喝水（早上帮她灌了一壶水放在书包里，她晚上回家后还是满满一壶）。妈妈猜是孩子有点儿洁癖，不肯在学校上厕所。于是请我帮忙，解决这个问题。

我每个课间都会叮嘱孩子们喝水、上厕所，但是，我没有留意到有个孩子从来不喝水。这令我心生愧疚。之后我每个课间去教室的时候，格外叮嘱琴同学喝水。我还盯着她看，她慢条斯理地打开水壶的盖子，假装喝水。几个课间都如此，我总不能去逼她喝水。

后来一个课间，刚巧亮同学面无表情地从我身边经过。我灵机一动，拜托琴同学带亮同学去卫生间。我告诉琴同学："亮同学还没熟悉学校环境，麻烦你带他去上厕所。等他上完厕所你再带他回来。"然后，我假装不知道琴同学妈妈求助的事，很顺口地说："你也可以顺路去小便吧？反正要等亮同学。"

琴同学没有任何异议。她顺利带他去了卫生间，自己也去了（我远远看着她走进女厕所，后来也跟她确认了）。而且，回来的时候，他们两个还手拉手。

从那以后，每次去操场玩，他们都会自动组团，虽然很少交流，却时常手拉手。有时候，我拿着手机给孩子们拍照的时候，这两个孩子看到我的镜头对着他们，就会认真调整好拉手的动作，不说话，只对着我微笑。

所以，我们若判断某个孩子是被忽略儿童，就可以为他安排一个同伴，也许这有助于他们在人际互动中树立信心。

如果儿童长期感觉自己在团体中被伤害、被拒绝、被忽略，可能就会导致他今后在社会适应与情绪发展方面出现问题。因此，教师有必要教导儿童以积极的方式回应他人发起的互动，尽力帮助儿童接近、加入并融入团体。

愿每个孩子都被看见

这天早上上班，车子刚驶出小区，突然暴雨如注，天色也即刻墨黑，后视镜里只能隐约看到灯光，不辨远近。我随即打开双跳灯，缓缓前行，却立刻有了疑问："我会被人看见吧？我因此能够安全吧？"

花费了比平时多一倍的时间平安到校，一路上却一直在思考被人看见后的安全感。在恶劣天气条件下开车，打开双跳灯，可以让前后左右的司机看到我的存在。当我因打开双跳灯而确信自己的车会被人看见的时候，我就相信自己安全了。

也许被看见，才会更有安全感吧？

孩子需要被父母看见。 从婴幼儿时期开始，孩子的每一次哭闹，几乎都与自身的需求息息相关。他饿了或者尿片让他难受了，父母的及时回应与处理，让孩子会因此而确信自己被看见，从而产生安全感。他知道他存在于这个世界上，知道自己是被密切关注的，知道自己的感受是真实的并会得到及时回应。然后，他才可能健康地成长。从婴儿到幼儿、少年时代，一个若总能够被父母及时看见各种情绪和行为的孩子，往往比较阳光，比较自信，比较善于跟他人互动交流。

学生需要被教师看见。 当孩子从家庭走入学校，他不再是最受瞩目的焦点。即便真是"小太阳"，班级里那么多小太阳也可能会让他感到自己黯然失色，成为普通的那一个。失去了关注度，不适应的情绪就可能会油然而生。教师要及时看见学生，看见他们未曾流露的情绪、试图做出的行为、期盼被理解的意图……教师看见得越多，学生在教室里就越安心，然后，他才能够比较顺利地去参加各种学习活动。

反省我的课堂，是否每个孩子都被及时看见。 在请孩子们发言的时候（新接班时，的确不能快速记住三个班孩子的名字），我常常是非常简约地来一句"You, please"，是微笑且温和地说的。我以为这样做既展示了学科特色，又节约了时间。每节课我总要多次请孩子跟读或者操练句型。然而有个女孩，在有一次课后极为认真地告诉我："老师，今天课堂上你第一次叫了我的名字，请我发言。"这句话，听起来既让人雀跃又令人心酸。当时我觉得过意不去，也为此认真地跟孩子道歉。但其实，我并未深思为什么孩子对"You, please"和"某某, please"的区别如此敏感。

在这场暴雨后，我突然想到，也许，从那一句句温和的却没有具体名字的"You, please"里，孩子能够敏锐地察觉到他没被老师看见。我只是按照我的需要，在请一个又一个孩子发言，借此检测我的教学任务是否达标或者完成。而只有唤着孩子的名字，他才能真正感受到他作为个体而被老师看见的心情。他被看见，才有存在感。有了存在感，他才能缓慢地建立起在课堂上的安全感。

但很多时候，很多孩子就这样不被教师看见。不是所有孩子都有勇气表达"老师，你一直不叫我的名字"的，不是所有孩子都有能力准确表达"老师总是不叫我的名字，所以我不高兴"，不是所有孩子会总结"因为我总是不被看见，所以我不想好好听课"……他们会渐渐地在课堂上"消失"，甚至在课后的校园里"消失"。

真实地看见孩子，看见他作为独立个体的存在，是每个教师的责任。

愿每个孩子都被教师看见。

第四辑

教师如何自我精进

　　反省与成长都是我喜欢的词。反省，会让我们更好地成长；成长，会让我们更专业；而专业地做教师，会让我们更有可能获得职场幸福——陪伴儿童成长的幸福。

找寻一条通往专业的路

何谓教师的专业素养？语文教师要能写一笔好字、一手好文章？音乐教师要能弹一手好钢琴？美术教师要有很高的绘画造诣？英语教师的听说读写要达到专业翻译的水准？好像这些都是教师重要的专业素养，但教师还有更重要的专业素养——对儿童成长的指引能力。如果没有这种指引能力，那么他们就更应该去努力成为书法家、作家、钢琴演奏家、画家、翻译家……他们并不适合做陪伴儿童成长的教师。

我一直觉得，教师的专业素养，除了学科素养之外，对儿童成长的指引能力是教师很重要的专业素养。一个教师应该把不断提高专业素养视为终身追求。

要理解学生语言和行动背后的需求

带到小学毕业的每届学生，我都会请他们在毕业的时候给我写一封信。可以匿名，也可以实名。我发给每个学生一张漂亮的信笺，说道："非常希望大家给我留言，尤其希望大家谈谈你觉得我做得不够好的地方，我会在将来的工作中注意并改进。"

然后，在几天内我陆陆续续收到了学生的留言。大多数学生愿意实名，表达了赞美与感谢，当然批评与建议也有，我都珍存。那些赞美的话，如果用一句话来概括，就是"心平气和做教师"；如果用一个词来总结，那就是"专业"。

您脾气很好，几乎不生气，也尊重我们的意见。

在我的记忆中，您似乎没有发过火。

…………

　　看到他们给出的评价，我真是很感动。他们提炼了一个教师的特点，这与教师跟他们的私人关系无关，而是基于他们日常对教师的语言和行动的观察。最令我震惊的一点，是一个学生写道："别的老师上课总是大吼大叫，用自己声音盖过同学们说的悄悄话。"我在很多场合提到过，教师不要用那种专门的高亢的"上课调"，尤其不要用微型麦克风上课。那不仅有可能损伤学生的听力，而且，在学生受过长时间的高声刺激后，教师的正常音量将无法引起学生关注。这些其实都是我的观察所得与个人观点，没想到在一个小学毕业生的留言里被验证。

　　我教那个班级共五年——从小学二年级到六年级（没做过他们的班主任），的确几乎没对个人或者全班发过火。是我运气格外好，还是遇到了一个特别好管理的班级？当然都不是。事实上，这个班级是我工作以来遇到问题最多的班级：学生的学习能力较差，家长不够支持，班主任更换频繁……但是挑战越多，越是倒逼我不断去提升自己的专业素养。

　　孩子们眼里"脾气很好""几乎不生气""没有发过火"的教师，是能够孜孜不倦地追求理解他们语言和行动背后需求的教师。面对那个每天都迟到的孩子，我总是建议他"争取明天比今天早到一分钟"。我理解他懒惰的原因，以及他抵抗自己懒惰的艰难。面对那个默写十个单词一定错七八个的孩子，我总安慰他"没事。我们还有单元复习、阶段性复习、期中复习、期末复习。你要继续坚持，到期末的时候我相信你一定能够掌握一半以上的单词"。我确认他每次都能完成作业，订正也及时，他只是真的很难记住单词。面对那个对待家庭作业三天打鱼，两天晒网的孩子，我开玩笑说："你妈妈跟你一样淘气，最近又忘记督促你写作业了？老师又得去提醒你妈妈了。"他羞愧地笑一下，然后迅速补完作业，会持续交三天作业。往往第四天时又需要我去提醒他妈妈，又需要我再跟他开这样一个玩笑。我一直陪伴这些孩子艰难而缓慢地成长。非常高兴的是，在他们毕业的时候我看到了美好的结果——没有学生对英语产生厌学情绪，英语课是很多学生的最爱。

孩子的语言和行为的背后，往往有他们自己无法准确表达的需求。教师在他们身边存在的意义，就在于凭借自己对儿童专业的理解能力，去找寻他们的需求，然后逐一去面对，去帮助，去落实。

要塑造学生正确、美好的价值观

朋友的孩子在读初三时，成绩徘徊在进重点高中分数线的边缘。当时，孩子的压力很大，家长总是正面鼓励甚至安慰他："考不上重点高中也没有关系的。"因为孩子本人已经很努力了。但是有一天，这个孩子回家对着父母痛哭，因为他的班主任说："如果你们考不上重点高中，你们的一生就完了！你们就是未来社会的失败者！"

我们当然可以假设，也许班主任想用激将法，鼓励更多的学生考上重点高中。但是，现行的中考政策决定了每个班级一定有考不上重点高中的学生。这样的话，无疑会给学生带来很大压力。

这不该是教师传递的价值观。

一个专业的教师一定重视学生的成长，远甚于学生的分数和名次。分数和名次需要教师用文明的、科学的方式去敦促、吸引、勉励学生去争取，而不是靠激将法或者更过激的行为让学生心生畏惧而不得不去学。

我细读过吴非老师的很多著作，受他影响至深。作为一个名满天下的特级教师，作为一个省级名校的高中语文教师，他有足够多的学生被名牌大学录取的数据来证明他的教育成绩。可是，我没有在他的任何一本书里见过那些数据——他从来不提。他坚定地说："你的学生能凭诚实的劳动自立，操持家庭，养育子女，享受生活，成为合格的公民，这就是教育所要做的，这就是我一个教师的职业追求。"①

一个专业的教师就该秉持这样的信念，并始终向学生传递这样的信念，从而引导学生树立正确、美好的价值观。学校教育的目的是培养社会合格的公民，不应该向学生灌输"非此即彼"这样简单、粗暴的二元对立的价值观。世界是多元的，成才与成功也是多元的。不能成为某一领域的优秀人才，但同样可以成为自食其力的劳动者。我们现在和将来的社会要和谐运转，都离不开在人群中占大多数的普通劳动者。

要激发学生热爱自己执教的学科

我曾经一度陶醉在一些学生的赞美里。他们说："老师，三门主科里我最喜欢你教的英语。""老师，自从你不教我们英语，换了个老师以后，我再也不喜欢英语了。"我当然会正面引导他们，说："只是学科特点不同……""只是你还没有适应新老师……"但我得承认，我为自己具备这样的魅力而窃喜过。

有个朋友是初中地理教师，他的课堂记录里充溢着学生对地理学科的偏爱。当时我的第一直觉就是，这种对学科的偏爱一定来自这个教师的个人魅力。后来有机会走进他的课堂，有些意外，他的课堂与我的想象相距甚远。在那一刻，我开始认真地思考："朋友的课堂记录是修饰过的吗？"我相信朋友的真诚，相信他班上的确有一些学生特别喜欢地理学科。但朋友班上大部分学生都喜欢地理学科吗？我不能回答。我相信我读到的他的课堂记录都是真实的，但我突然明白那是片面的。他呈现的是那些喜欢地理学科的学生的状态，至于这些学生的人数占班级总人数多少，他没有提及。朋友班上的学生是因为他才喜欢地理学科的吗？我更不能回答。

① 吴非. 课堂上究竟发生了什么 [M]. 北京：中国人民大学出版社，2015: 36.

在思考这些问题的时候，我突然冒出一个想法：是不是有些学生本来就是特别喜欢地理学科的？也就是说，无论是不是我这个朋友教，这些学生都很喜欢地理学科。只是我这个朋友及时地把这些喜欢地理学科的学生的状态记录了下来，而之前的地理老师没有及时记录这些学生的学习状态？

我是个喜欢自省的人，常用这些问题来问自己：是不是我班上那些喜欢英语的学生本来就喜欢英语，不管是哪个老师来教？那些喜欢英语的学生，未必是因为我才喜欢英语的？我是不是把那些学生喜欢英语很自然地归功于自己了？当这些学生离开我的课堂后不再喜欢英语，是不是真的就意味着我是他们遇到的最好的英语教师？还是意味着我没有真正培养起他们对这门学科的热爱？……之后，我的教育行动开始有了转变——从让学生适应我的教学，转向致力于更生动地展示英语学科的魅力，更尽心地去培养学生对英语学科本身的兴趣。

吴非老师说过，学生只喜欢你一个人的课，未必是好事；只有当你的教学使学生热爱这门学科时，他的学习才有价值。一名专业的教师，他在教学中一定会注意激发学生对自己执教学科的兴趣。

"英语仍然是我最爱的学科"，一个对我多次表达"好舍不得离开您""您是我最喜欢的老师"的学生，在读初中三年级的时候这样告诉我。这是她的成长证明，也是我的成长证明。

我一直保留一个毕业生给我的留言："感谢沈老师五年来对我的关心和教导。虽然我的成绩不太好。但是您一直鼓励我，这让我十分感动。有时候，我犯下一些错误，您总用心教育我。平时我的听写总有问题，但您总说我态度认真，让我重新有了自信。毕业考试虽然我没有考到良好，您仍对我加以指导，让我努力学习英语。感谢您对我的鼓励和教导。您是我遇到过的最好的英语老师。"

我是他小学六年生涯中第二个英语老师——第一个英语老师只在一年级时教过他，他大概没什么印象了。所以不是我真的是"最好的英语老师"，而是他对我这个英语老师印象较深。但是我仍为这个平时英语学习非常艰难的学生的留言而感动，感动于他仍然保留对英语学科的信心，感动于他让我确认了那条通往专业的路是正确的。

我们都该继续努力，去找寻那条通往专业的路，让学生因为我们越来越专业而成长得越来越顺遂，越来越有力量，越来越美好。

淡定做教师

　　每个教师都想心平气和地做教师。事实上，在那些主动配合教师的学生面前，或者在愿意、习惯与教师合作的学生面前，每个教师都能够做到心平气和。但是，在学习习惯、行为习惯、人际交往方面有诸多问题的学生面前，就很少有教师能保持心平气和了。

　　美国家庭心理学家约翰·罗斯蒙德指出："也正因为小孩子天生都是捣蛋鬼，所以老天要给他们近 20 年的时间融入社会。"[①] 的确，在普通中小学，教师就别指望哪一间教室里不存在"捣蛋鬼"和问题学生。教师只有不断提升自己对儿童心理的理解能力，提升自己处理各种问题的专业素养，才有希望在学生面前做个淡定的教师。

不给学生创造说谎的机会

　　每次新接一个中年级或高年级的班级，第一个月，总有孩子不交家庭作业，有时一两个孩子，有时三四个孩子。我向来很淡定，既不问"你家庭作业到底有没有做""你为什么没交家庭作业本"，也不联系家长，只是提醒他们回忆我制定的家庭作业规则："如果没带家庭作业本，打电话请父母把家庭作业本送过来，或者重写一遍。"并很平静地问："你需要我借你手机让爸妈送家庭作业本吗？"这些孩子在新学期第一个月里经过多次试探后，一般会偃旗息鼓，以后每天都会按要求交家庭作

---

① 罗斯蒙德.有效管教指南 [M].郭世雄，车宜默，杨木易，译.北京：九州出版社，2016: 3.

业本，除了一个家长支持不写家庭作业的孩子以外。

"不问他们任何问题，他们就不会对你撒谎。"[①] 这句话是罗斯蒙德给家长的建议，其实同样适用于教师。当教师去询问的时候，就给了学生说谎的机会。而教师在验证学生说谎之后，很可能会发脾气，然后学生很可能会再说谎。教师无形中就导演了一场以学生为主角的戏，在这场戏中，学生会尽其所能地坚持演下去。因为坚持的时间越长，他成为焦点的时间就越长。有的学生看似在教师的怒斥中惶恐，其实很有可能隐秘地享受这样特殊的关注、在意，他们愿意自己成为教室的风暴中心。

教师要注意不要开始这样的说谎游戏。只要你去问，学生就可能有一堆谎话等着你："我真的做了家庭作业，只是作业本落在家里，我明天带来。""我昨天晚上写完后明明放在书包里的，可是刚才组长收作业本的时候我却找不到了。"更有甚者一口咬定自己交了作业本，是组长或者教师弄丢了他的作业本。如果教师去问，就可能陷入了说谎游戏，很可能气急败坏，还浪费大量时间。

如果有学生真的做了家庭作业却忘了带，那么让家长送过来，或者再让他做一遍是合理的。这可以帮助学生巩固整理好家庭作业本的意识与习惯。事实证明，新接一个班级，遵循了上述原则，一般情况下，一个月后学生交家庭作业就基本没问题了，而且教师从头到尾都不用为学生没带家庭作业本到学校而生气。

不给学生用不合适的行为吸引他人注意的机会

每个班上可能都有一两个异常渴望表现自己的孩子。用"异常"一词，是因为他们并不是通过自己的言行或者优秀成绩来表现自己的。他们在学业上不愿意努力，也不愿意遵守教室里的各种规则，却依然强烈

---

① 罗斯蒙德.有效管教指南 [M]. 郭世雄，车宜默，杨木易，译.北京：九州出版社，2016: 138.

地渴望自己能够得到教师的肯定、同学的膜拜。这样的孩子平时会表现出好斗或者挑衅的架势，经常想方设法给同学制造各种麻烦，甚至伤害同学。而且，他们在家长面前有可能说教师不够关心他们，甚至编造教师有语言侮辱或者体罚他们的情况。

有一次，在二年级英语课上，我带学生练习句子"Do you like dresses?"，一般女孩子会回答"Yes, I like dresses."，而男孩子会回答"No, I don't like dresses."，并补充一句"I like T-shirts…"。因为可以自由表达自己真实的喜好，所以他们都非常积极地举手，渴望被教师点名回答问题。

这个时候，男生飞几乎要站直身体，坏坏地笑着，也举着手——他很少举手。他就是那种异常渴望表现自己的孩子，而且会对教师的态度耿耿于怀。如果我不请他发言，他就一定会回家向父母告状"我一直举手，老师却一直不请我发言"。

我看着飞，继续问"Do you like dresses? Fei, you please."。飞听到自己的名字，很神气地站直了身体。他刚欲开口回答，我加了一句："飞，你的答案会不会让同学们大笑？"他得意地笑："会的。"我微笑着说："那你这个答案下课后再讲给同学们听。你先坐下，想好一个不会让同学们大笑的答案再举手。"

飞悻悻然落座。我当然知道他要回答"Yes, I like dresses."。这一点儿都不意外，下课后我在讲台上收拾教材，飞就在下面大声说"I like dresses."。孩子们哄堂大笑。有的孩子拽着飞特意跑到讲台前跟我强调："老师，飞说他喜欢连衣裙。"我看着飞那得意的眼神，微笑着说："挺好的。他是在练习英语啊！句子说对了呢！"飞很无趣地看看我，悄然走开。

教师要知道，有的学生为了吸引别人的注意，会做出你意想不到事情，即使那样做会让他自己惹上麻烦。因此，教师得多接触学生，多掌握心理学知识，在对学生的心理足够了解后，才有可能在一些事情的萌芽期就阻止事情的发展。

不给学生故意伤害他人后立刻道歉的机会

在小学阶段，尤其是低年级，同学之间经常因为言语冲突或者肢体接触而发生矛盾。大多数"案子"的发生都是肇事者的无心之过，教师简单地了解一下"案情"，充分地与"受害者"共情之后，就可以提醒肇事者去认真道歉并"结案"了。

但有些案子却可以分辨出是肇事者故意为之的。在这种情况下，教师就不要让学生以随口一声"对不起"就结案了。那对肇事者起不到真正的教育作用，反而会让他觉得做出任何伤害他人的行为到最后只需说一声"对不起"就可以应付过去。

有一次午餐时间，二年级男生瑞气呼呼地找我告状："老师，海又在说我喜欢梅梅。""又"字用得很准确，海的确已经不是一两次这么说瑞了。之前还觉得海可能不懂事，所以我只是轻描淡写地提醒他以后不要再说这种话。

我走过去，叮嘱海："你吃完饭和水果后到我餐桌这边来。"一会儿，海就过来了。他知道原因，就很诚恳地说："老师，我错了。我不应该那么说瑞。我去跟他道歉。"我问海："你知不知道你那么说瑞，瑞是高兴还是不高兴？"海很诚实地回答："知道。我知道他听到了会不高兴。"

"我明白了。你就是故意说一些让瑞不高兴的话。"我帮他总结，然后提醒他："故意说让人不高兴的话，最后大家都会不喜欢你的。"接着提出我的要求："你好好想想：能不能故意让人不高兴？今天你一整天都不要和瑞玩，我也不允许你去道歉。你一整天闲下来时就好好想这件事。到了明天才可以去跟瑞道歉。如果他不原谅你，那你明天还是不能和他一起玩。后天再去道歉。瑞哪一天原谅你，你哪一天才可以和他一起玩。"海没想到我不允许他去道歉，并且不能马上和瑞一起玩。正因为他经常和瑞一起玩，才有机会说让瑞不高兴的话。这令他真正感到焦虑了。

之前海总是很敷衍地说一声"对不起"就继续和瑞一起玩，在他的印象中，也许说一声"对不起"就可以轻易抵消对他人的任何伤害。所以，有时候，即时的道歉、强制的和解，其实对一些故意伤害行为——不管是语言伤害还是肢体伤害的行为，都是没有意义的。随意的、没有诚意的道歉，既可能纵容肇事者继续"犯事"，又可能让受害者感到自己的感受不被重视。

问题学生在学校总以各种方式表达他们的不合作，甚至控制不住情绪。引导学生与教师合作、与同学友好相处，不给学生说谎或者找借口的机会，是教师的责任。

指导家长与孩子同步成长

孩子上学了，有的父母似乎觉得养育孩子的事情可以告一段落了。但事实上，孩子上学就意味着父母要处理更多有关孩子的事务。比如，孩子能否正确执行教师的指令，孩子能否遵守学校的规则，孩子能否与同学相处融洽……

面对孩子出现的问题，父母最好先审视自己，查看自己何处需要调整，而不是一开始就指责孩子。父母其实与孩子"同龄"——孩子几岁，父母也就任职了几年。

我们面对的家长，很多都是第一次做父母，他们养育孩子的经验有限。如果家长自身不积极学习养育方法的话，教育孩子就很容易出现问题。而教师的优势，就在于一直陪伴儿童成长。相比之下，教师有比较多的经验与体会，应该主动指导家长与孩子同步成长。

建议家长少对孩子用"应该"一词

很多家长经常对孩子使用"应该"一词。比如，"你应该起床了""你应该写作业了""你应该考试成绩优秀"……家长可能会很沮丧地发现，孩子经常不准时起床，不主动写作业，甚至学习成绩也不过如此。其实，经常对孩子说"应该"的父母，很可能也经常对自己说"应该"。"我应该更有耐心""我应该更有条理""我应该不吃蛋糕"……这些父母会吃惊地发现，自己其实依然没有耐心，没有条理，而且偷偷吃蛋糕。

事实上，家长经常使用"应该"这个词只会激发孩子的叛逆心理。由于无法承受压力，孩子会反抗甚至故意做那些不应该做的事。

很多时候，家长察觉到孩子存在某种问题，如果他们认真分析，也许可以发现自己身上其实也存在同样的问题。只有家长承认自己有这些问题，才有可能改变自身，而孩子才有可能会随着家长的改变而改变。

父母要尽量少用"应该"，并从自己开始反思：自己现在不够有耐心，不够有条理，老想吃蛋糕……但自己是可以进步的。因为自己很爱护孩子，才愿意更有耐心，更有条理，要控制吃蛋糕的数量……父母只有不断地和自我对话，才可能有一天达到向往的彼岸。父母可以跟孩子交流自己的心理转化过程和收获，时常对孩子说"你可以"，不再说"你应该"。终有一天，孩子真的就可以了：可以准时起床，可以主动学习，可以把成绩提高很多。

建议家长与"内心的批评家"休战

孩子入学之前，父母对孩子的要求可能只是身体健康。而等孩子入学后，父母对孩子的要求就多起来了。一旦孩子没有实现父母预定的目标，父母就很可能产生浓重的挫败感，不断地批评自己做得不够好。似乎有一个批评家生活在他们心灵深处，时时刻刻批评他们哪里做得不够好，让他们感觉极差。

我们不用消灭这个批评家，而是要和他握手言和，如果他让我们感到难受，那就请他用温和一些的语言来沟通。

的确，内疚只会愈演愈烈，应对之道在于降低期望，温柔和耐心地面对自己，家长与内心的批评家休战，认真学习，自然会给孩子多一些自由，让他们顺利成长。

建议家长少说多听

家长时常发现，在给孩子解释问题时说了很多，孩子不是感到迷惑就是觉得无聊，家长因此可能会气急败坏。

但即便家长再生气，也解决不了任何问题，反而做了错误示范。这不利于孩子科学地管理情绪，可能会影响他们以后的发展。

少说多听在很多关系中都适用，在亲子关系中也不例外。说得太多常常是我们自身焦虑的表现，还可能让孩子也变得焦虑。其实，如果孩子想要了解什么，他们自己会问的。

可见，父母与孩子要有效沟通，这样才能很好地帮助孩子发展。

父母只要陪伴在孩子身边，就会发现孩子每天能带给父母各种惊喜。孩子几乎就是会走路的问号，而陪伴能够让父母与孩子同步成长。

厘清学校教育与家庭教育的边界

一位老师向一位教育媒体编辑提问："有个问题一直想不明白，为什么部分家长跟老师沟通时什么称呼都没有？不理他吧，他觉得我们没素质；理他吧，又觉得憋屈。"这位编辑在微信朋友圈问："老师们，如果遇到类似问题，你们会怎么处理？"

我即刻评论："经常遇到啊！我会先说'某某爸爸或妈妈您好'，然后每句都用'您'（对有礼貌的家长当然更是如此）。总有一个时间他会回过味来，觉得惭愧，然后也对我更礼貌……"

如果教师事先做好充分准备，去做守护家校关系的安全员，各种安全措施、救急设施都准备到位，各种隐患都考虑周到，家校关系就很少出现问题。如果没做好安全员的工作，家校关系就会经常"冒火"，教师只能疲于奔命，不时灭火，把自己陷于消防员的角色，工作既被动又慌乱。

教师如何成为家校关系的安全员呢？

要厘清学校教育与家庭教育的边界

众所周知，教育学生需要家校合力。但这个合力其实是有明确边界的：学校教育归教师负责，家庭教育归家长负责。双方对对方负责的范围，可以提建议，但不可以越界。比如，教师不批改课堂作业，家长可以投诉。但教师是先教单词还是先教语法，这就不属于家长跟教师讨论的内容。同理，学生如果多次没有理由地不完成家庭作业，教师就应该联系家长了解情况，并明确提出要求或者建议。但课堂上学生不专心听讲，教师就该自己想办法解决。

我的确耳闻目睹不少教师这样做：为了学生课堂上的纪律问题、作业问题，不仅时常打电话给家长，有时甚至要求家长到校面谈。次数多了，难保家长没有意见。长此以往，良好的家校关系是很难建立的。

教师只有厘清了学校教育与家庭教育的边界，才不会轻易要求家长到学校谈话，不会轻率地提出诸如"请家长批改家庭作业"的要求。

据此理念，我在平时的家校联系中，会比较注意措辞。比如，我在每天发给家长的通知中，都会说"今日孩子们的英语复习内容如下"，而不是"今日英语作业如下"。我会说"本周将组织孩子们默写 Unit 5 的单词，请督促孩子们做好充分准备"，而不是"孩子回家把单词默写给家长看，家长负责批改并让孩子及时订正"。我会说"重点单词 yogurt 的拼读指导如下：分两个音节记忆，前面是 yo，后面是 gurt"。同时我一定会加上一句"课堂上已经指导过"，免得家长疑心"老师在学校里不教，让家长回家教"，更是免得学习能力不强的孩子回家后得不到家长的有效帮助。

要时刻保持教师的专业形象

家长不是教师的私人朋友，但很有可能是要经常联系的人。对于这样的关系，教师要始终保持自己的良好形象。

平时发通知或者单独发信息联系家长时，要注意礼貌用语。"今天的英语家庭作业如下"这样冷冰冰的措辞，显然不如"各位家长好！烦请关注以下通知"更具温度。而每逢周末或者节假日，加上一句"祝各位家长周末（节日）快乐"很有可能让他们在看到通知的时候会心情愉快一点儿。

遇到确实需要邀请家长到学校的情况，教师也该控制好自己的情绪，不可用命令的口吻要求家长立刻到校，更不可让学生自己给家长打电话，而要诚恳地邀请："我觉得很有必要跟某某爸爸妈妈面谈一次。今天是否有时间？大概几点可以过来？下班后也可以，我会等您。"而当家长来到校门口的时候，教师要去迎接，陪家长走到谈话地点，准备好茶水。谈话结束后，再把家长送到校门口道别。这样以礼相待，可以最大程度上缓解家长的负面情绪。

很巧，期末考试后的一个周六，我收到一位家长发来的一条没头没尾的信息："我们孩子考试多少分？"先不说这样的措辞多么没有礼貌，事实上周五那天我已经把试卷发下去给孩子们看过了，每个孩子都知道自己的成绩。关于孩子成绩，我们多次跟家长明确表达过，没有百分制成绩，只有等级制成绩。但是作为教师，我们要回避跟家长的意气之争，而要说清道理，表明态度，彰显自己的修养。我的答复如下："某某妈妈，您好！很抱歉，因为周末，手边没有孩子们的成绩。昨天孩子们都已经看过卷子了，您可以问一下孩子。另外，学校有纪律，不允许教师告知家长学生的百分制成绩，只能说等级制成绩。请您理解，我必须遵守学校的规定。祝您周末愉快！"收到我这样礼貌周到的回复后，这位家长终于回了一句："好的，谢谢老师。"真心觉得这个"谢谢"来之不易，它能推进我跟这位家长的良好合作。

要多站在家长的立场去思考

当孩子在成长过程中出现严重问题时，教师不要一味去责问家长，而要多考虑家长的感受，多站在家长的立场去思考。

无论是家访，还是邀请家长来校沟通，教师都要避免当着孩子的面对家长的各种观念与行为给出否定或反对的意见。在孩子面前，教师要注意维护家长的尊严。凡是对家长的家庭教育观念或者行为存在商榷意见的，都需要非常谨慎地让孩子回避，不能让孩子旁听。如果让孩子听到教师对家长的各种否定意见，今后家长在家里更难对孩子进行教育。

同样，家长也是需要鼓励的。班上那些学困生的家长，有的的确对孩子在家复习督促不到位；有的花费了巨大的心力，但孩子的成绩依然不乐观，家长也会因此产生浓重的挫败感，会很焦虑。在这种情况下，教师要多考虑家长的感受，及时给予安慰。

之前，我给执教的三个班级的部分家长逐一发送了信息："某某爸爸或妈妈，您好！孩子这次在课堂练习中，虽然成绩不够理想，但是看得出孩子很认真，而且对英语没有畏惧心理。所以爸爸妈妈要持之以恒地督促孩子，陪伴孩子每天听说读写，只要坚持下去，孩子的成绩就会更好。"我没有批评家长，而是相信他们平时都会督促孩子，并对他们表达期待，传递信心。很多家长都及时回复了，有诉说自己的焦虑的，更多的是表达自己的决心。

要让家长接受孩子的话跟教师的原话之间有误差

教师带过的班级越多，就越能理解孩子出于年幼、理解能力弱、记忆力不够好、想推卸责任等各种因素，会说一些不符合事实的话。教师们不会据此推断这样的孩子有撒谎的不良品质，而会根据具体情况进行分析，想办法帮助孩子。

但家长对自己的孩子爱如珍宝。一听到孩子指责同学、抱怨教师的话，有的家长难免产生代入感，觉得自己的孩子受委屈了、受伤了，很难不去相信自己孩子的话。如果教师不提前引导，家长一旦陷入这样的思维定式，就容易跟教师产生各种误会。

为此，我会尽早地在班级里做各种练习，让家长接受孩子的反馈跟教师的原话之间有误差这一事实。

有一次，我曾经就参加某项活动的事情，用各种故事让孩子理解机会的含义，然后要求孩子们复述给家长听，并把录音文件发给我。收到录音文件后我及时反馈："各位爸妈好！收到孩子们发来的录音文件，有的复述得很好，有的令人啼笑皆非。所以，父母要相信，很多时候孩子说的未必是事实。他们不是故意撒谎，而是由于年龄小、记忆力不够好，不能准确复述老师的原话。我知道有不少父母之所以误会教师，就是因为父母认为自己的孩子绝对不会撒谎。"

经过多次这样的练习，家长对孩子的一面之词就不会轻易相信了。比如，在我做班主任的班级里，如果孩子在做课堂练习的时候有说话、抄袭、看书的行为，我就直接在卷面上用红笔扣 10 分，家长见到作业纸后，就知道孩子在课堂上有违纪行为——无论孩子如何声称自己没有违纪。但是，我到临时代课的班级，同样用红笔扣 10 分，孩子把作业纸带回家后，就有一位家长给我留言："今天的课堂练习，孩子说您可能怀疑他作弊，所以扣了 10 分。我详细询问了过程，是孩子独立完成的，可以排除抄袭嫌疑。还请您继续信任他，指导他。"若没有对家长的引导，这样的沟通成本是很大的。我需要找各种证据，准备好各种措辞，表明自己的立场，证明孩子说的不是事实，这需要花费大量的时间与精力。

教师与家长，因为儿童而建立联系。这种联系，不是因为双方之间的共识程度高而自然走近的，而是学校随机分班政策下被动建立的。双方缺乏基本的了解，甚至对对方的话语体系也有一定程度的不适应。但教师是专业人士，不是与家长偶遇的路人，虽然没有资格去教导他们如何为人处世，但仍可以怀着极大的善意并用专业的姿态去影响他们。在这个充满善意又专业的影响过程中，良好的家校关系方有可能建立，家校双方才有可能更好地合作，从而促进儿童更好地成长。

没有理由与童年疏远

在工作多年之后，我才有机会执教小学低年级。这对我这个长期执教高年级的教师而言，是多么值得期待的事。虽然同样是小学生，但当我面对低年级儿童时，似乎有了全新的感觉——我离童年更近了！

可是，我真的理解童年吗？我又真的懂得儿童吗？

认真研读美国哲学家加雷斯·B.马修斯的《童年哲学》，书中的一个例子引起了我的注意。马修斯有一次与教师们交流，其中一位四年级教师问他："四年级学生的思维特点是怎样的？"马修斯觉得这个问题有点儿滑稽。一位经验丰富的四年级教师，向一个从来没教过小学的大学教授咨询四年级学生的思维特点。马修斯推测，这位教师已经习惯性地认为，大学教授有种种关于儿童怎样思维、怎样行动以及儿童在每个阶段想什么的理论。他如此习惯性地接受专家的理论，以至于他很愿意设想，从某大学里来的小学教育外行能将他最熟悉的那些人的真实情况告诉他。这种设想并不合理。很多教师经常听各种讲座，在听讲座前，我们是否也如那个四年级教师一样，寄望于别人来教我们怎样去认识、了解我们的学生？

无疑，要了解童年理论，我们通常要求助于心理学家。但要了解我们面对的学生，教师应该具备自己的童年理论。对照自己历年来的实践与心得，自己模糊的、不确定的童年理论，似乎渐渐有了轮廓。

将儿童看作探究伙伴

马修斯指出，儿童不只是研究的客体，他们与我们一起，也是康德所谓"目的王国"的成员。对儿童好奇不会有错的，当然，我们应当对他们的教育有责任心。但首要的是，我们应当对儿童保持尊重。正常情况下，父母和教师对儿童担负起指导、安抚和激励的责任。在这个过程中，大多数成年人会尽心尽责，爱护儿童。但是，有时候成年人过于看重自己的责任，就有可能无法赏识儿童对成年人的贡献。

我渐渐明晰，儿童首先是人，然后才是儿童。长久以来，我过于注重儿童的身份，在很多地方过于呵护儿童——有时候每个人都应该遵守的规则，我会因为对方是儿童而不要求他遵守。

每个儿童都是独立的个体，成年人要把儿童看作探究伙伴。尊重他们对世界的好奇与疑虑，尊重他们的思考与行动。成年人不必急着去教育儿童，更别急着在儿童犯错误的时候去批评他们。很多时候，成年人的尊重与等待，可以帮助儿童完成对知识和规则的自我构建，完成对道德的自我约束。

摒弃成年人在孩子面前的优越感

"所有的成年人都曾经是孩子——但是，没有几个成年人能够记住这一点。"小说《小王子》中的这句话，打动了很多成年人与孩子。的确，对一个成年人来说，童年的许多事情已经无法回想了。或许童年的这些事情从来就没进入"长期记忆内存"，或许它们虽然进入了内存但后来被发展起来的自传式记忆排挤出去了。因此，很多成年人忘了自己曾经也是孩子，当他们面对孩子的时候，会毫不掩饰地与孩子保持距离。

马修斯指出，这样的距离感会鼓励成年人在孩子面前产生优越感。

我也一度在儿童面前有优越感，一度觉得自己应该是那个走在儿童前面的人——我要引领儿童成长，而不是陪伴儿童成长。我时常敏锐地察觉各种可以让我去批评或者教育儿童的契机，并及时付诸行动。我大概一直觉得自己站立在教育这个程序的输出端口，而儿童则仅仅身处于输入端口。"三人行，必有我师焉"在我的概念中，同行的人毫无疑问也是成年人。

这种在儿童面前的优越感，让我错失儿童给我各种启迪与帮助的机会。事实上儿童往往对他人、对世界抱有无条件的信任与爱。对比儿童的这种质朴、率真，有时候我真的觉得，在道德的某些层面，儿童才是成年人的学习榜样。

让儿童享有更多权利

在一个理想的家庭或者班级里，儿童随着年龄的增长会有越来越多的自由，来制定、评价家庭或者班级中的规矩。孩子是家庭的一员，也是班级的一员。无论是在家庭还是在班级里，孩子都该享有一定的权利，并随着年龄增长而享有更多权利。马修斯建议让儿童享有更多权利，这是我们的社会渐渐推进的方向。这样的建议让我吃惊。

生活中，成年人经常对儿童采取双重标准。儿童常常被视为弱小的、被动的，而成年人则被视为理性的、高效率的。很多时候，儿童并不具备与成年人平等的权利。比如，家里来了客人，我们总是在既定时间要求儿童去睡觉，完全无视他的兴奋心情，也知道他晚睡会影响第二天的学习。而对自己则是另外一套标准：可以晚睡，并认为第二天的工作不会因此受影响。

在带一年级班级期间，我总是习惯和同事合作打扫教室，觉得这样做很高效，因为预料到让儿童打扫教室会出现各种状况，自己不得不参与善后。读《童年哲学》时，我沮丧地发现，其实我剥夺了儿童打扫教室的权利，剥夺了儿童在各种状况中学习如何有序合作的权利。

我在英国游学期间，看到一间小学教室的墙壁上贴着一条标语："我们有权利享受学习时的乐趣！"我总是鼓励学生要"乐学"，总觉得发现学习的乐趣是学生自己的事，却从没想过学生有权利享受学习的乐趣，而教师应该让学生享受这个乐趣。

如此推断，好教育、好教师应该让儿童享有更多的权利，有权利在学校里健康成长，有权利保持心灵的自由，有权利享受学习的乐趣，有权利体验成功的喜悦，有权利尝试失败的滋味……儿童享有的权利越多，我们的教育才越有品质。

儿童是人，我们应当尊重儿童。身为教师，我们也曾经历童年，如今我们陪伴儿童成长，更没有理由与童年疏远。

我都那样做教师

我去苏州工业园区工作之前，连续多年教毕业班，或者把学生从高年级带到毕业，所以经常遇到教过的毕业生回母校探望的情景。有来看望我的，也有看望其他老师的；有结伴来的，也有单独来的；有事先跟老师约好的，也有突然出现的；有只是远远跟老师打个招呼的，也有坐下来聊很长时间的；有带着小礼物的，也有要求再听老师上一节课的。

我是小学教师，遇到的回校毕业生以初中在读生为主。与其说他们来看望老师，不如说他们来回忆。有些毕业生跟老师打过招呼后，更愿意在校园里闲逛。他们喜欢来母校回望他们的童年。很多学生在小学毕业后去了不同的学校，有的毕业后很少能够见面。好久不见的同学约好了在母校会合，再一起出发去另外的地方。这实在是一举三得——既探访了母校，看望了老师，又方便了会合。

初中生爱回小学，因为他们对小学生涯印象最为深刻。上托儿所、幼儿园的时候毕竟太年幼，印象不够清晰。而等他们升入高中、大学甚至读研究生后，他们的母校更多，让他们深切怀念的母校也不再只是小学，能让他们印象深刻的教师也不再只是小学教师。由于时间与精力的关系，探访小学和小学时候的老师，就成了他们的众多选择之一了。

工作 20 多年来，教过的学生无论是专程来看望我，还是探访母校时顺便看望我，我都觉得很愉快。看到当年幼小的生命成长得越发蓬勃，本身就是一种积极的体验。但我不会因此自傲，也不会以此来衡量自己有多么好，更不会以此来衡量教过的学生有多么看重我。学生对我的评价高低、印象深浅、跟我的感情好坏，与他们是否来看望我，没有绝对的联系。

张弛是我到苏州工业园区工作后带的第一届学生中的一位。这个孩子现在读大学，在他上小学五、六年级时，我曾是他的英语老师兼班主任。他小学毕业后多次来见我，甚至在我调离了他的母校之后。他在微信上推荐我读《恰到好处的安慰》一书，因为他觉得此书甚好。

一个教过的学生仍然跟老师保持一种精神上的连接，这令我感动。我当然知道不是我足够好，而是他自己的成长经历、个人意趣以及家庭教养，决定了他在成长过程中会与怎样的人保持何种频率的互动。这只能代表他是怎样的人、在朝向怎样的方向成长，并不代表我对他有多大的影响力。

我从不高估自己对学生的影响力，那是不现实的，甚至是危险的——这是一种自我迷恋，放大了教师个体对学生成长的影响力。人的成长是复杂的，哪里是一个教师可以决定的。

教师要以平常心看待学生回校看望老师的现象，既不与同事攀比——某某老师的学生毕业后回来看望他的最多，也不拿学生比较——某某同学简直是白眼狼，从来不回来看望老师。教师与学生在生命中某段路程上同行时，认真履行专业职责即可。教师的成就感不在于有毕业生来看望你，而在于作为教师时，你为他们的成长做出了多少有意义的行动。一个教师如果把职业幸福感建立在学生毕业后看望老师上，或者学生毕业后记得老师上，那么从本质上说，他还不具备真正的职业认同感和自我认同感。

教师要有自己的职业认同标准与自我价值标准。不管教过的学生来不来探望我，我都那样做教师。

找寻那些愉悦自己的兴趣点

新学期第一天适逢周一，我有两个班的英语课。周二轮到我做课间护导，在每节课的课间我都准时站到卫生间前面的过道里，看顾仍然沉浸在新学期喜悦里的娃娃们。

总是有贴心的娃过来陪我一起做护导，这令我喜滋滋的。

小赵同学陪我做护导，对我说："老师，今天没有英语课。为什么一个星期才两节英语课？为什么不能天天都有英语课？"我认真解答："因为英语有点儿难，小朋友们还小，学习能力还不强。你们慢慢长大，英语课会慢慢增加。三年级时有三节，四年级时有四节，到了五、六年级的时候，就天天都有英语课了。"

我把孩子的这种疑问视为最高褒奖，很想把这份欢喜与一个同行分享。

这个同行是小学语文教师，执教多年。新学期开学前，她问我："沈老师，看你写的随笔，做班主任有各种乐趣。可是我在跟学生相处的过程中，实在享受不到那种乐趣。做班主任对我而言只是负担。我如何才可以不做班主任？"

班主任工作的确有各种辛苦，我能理解她的想法。我温和地问："在你们学校，怎样的语文老师可以不做班主任？"

她答："孕妇或者学期中间结束产假返岗的新手妈妈，或者行政领导。"她的孩子已经读小学了，她没有生二胎的打算。所以，我指出："那你唯一可以不做班主任的可能就是当行政领导。你从现在开始给自己立下一个目标，好好研究语文教学，争取在语文教学这块成为你们学校或者本区内比较厉害的那个人，争取能够分管一个学校的语文教学行政工作，那就不用做班主任了。"

她很尴尬："我没有那个能力。"

我发现常常有很多人向我咨询，问题从情感、婚姻到专业发展，甚至有时候是鸡毛蒜皮的小事。我都会及时共情，但是更多时候我会分享自己的心得，引导对方自己发现解决之道，而不是直接告诉对方怎么做。

我很温和地说："我是那种在任何环境下都很会自己找乐子的人。人生不如意事十之八九，应该常想那剩下的一二。人要有在各种环境里发现各种乐趣的能力，这样生活才充满张力。"

突然想起不担任班主任的岁月。我真是很怀念那些不用看班的中午，去阳澄湖或青剑湖湖边漫步。春天，湖水清澈，杨柳新绽，春花次第开放，春光无限烂漫，让人神清气爽。夏天，学校对面的别墅区，有一条安静的香樟树大道，大树亭亭如盖，浓荫遮天蔽日，在树下踢着小石子，再好玩不过。秋天，就去体育公园看各种落叶，槭树、银杏树、樱花树（樱花树的树叶秋天超级美）、马褂木，捡几枚红叶做书签也是好的。寒冷的冬天，可以到马路对面的街心公园去晒一会儿太阳……那几年，因为不做班主任，备课可以在学校完成，下班可以准时回家，晚上就有大把时间读书、码字。《让学生看见你的爱》在 2017 年、2018 年、2019 年连续三年位列当当网教育理论和教师用书类年度畅销书榜单，书里面的文章都是那几年完成的，《英语可以这样教》也是在那时修订的。

后来到了新学校又担任班主任，而且是一年级班主任。辛苦吗？当然。白天忙于上课，处理各种班主任事务和陪学生，备课、做课件、出练习卷、批改练习卷都需要回家完成，晚上少了很多属于自己的时间。但是，那些幼小的娃娃时时刻刻都给我带来各种意想不到的乐趣。有哪一种乐趣能够胜过一个个生命对你全然信任、毫不掩饰地喜欢呢？我经常在办公室里分享各种笑话，不仅仅是孩子们的笑话，也包括在孩子们面前的我的笑话。办公室里的资深教师总会取笑我："这个人，像第一年做教师一样，怎么就这么觉得好玩呢？"

既然做了班主任，不管是否自主选择，与其哀怨、无奈、愤怒，不如努力去找寻可以愉悦身心的各种兴趣点，并不断提升自己的这种能力。

愿大家一起来修炼这样的能力！

提升教师的领导力

在每所学校，都有一些特别"神奇"的教师。无论学校分配给他们怎样的班级，他们班级的课堂纪律都会渐渐好转或者更加优化。自然，他们所授学科的班级平均分也会随着纪律的好转或者优化而逐步提高，他们带的班级在学习风气、综合素养等方面也比别的班级明显更好。

领导力专家约翰·科特说过，取得成功的方法是 75%—80% 靠领导，其余 20%—25% 靠管理，而不能反过来。在企业如此，在教室里其实也一样。有效教学和班级正常运转的前提是教师具有良好的领导力。

因此，教师要提升自己的领导力。

不刻意去讨学生欢心

美国家庭心理学家约翰·罗斯蒙德曾去一所学校蹲点观摩。他请校长给他安排一个比较会管教学生的优秀老师，并希望能听几天这位老师的课。最后，他来到了施默克老师的课堂。他发现，施默克老师之所以会管教学生，是因为"她在学生面前表现出一种冷静而随意的权威性。正是她的这种权威性，使得她的学生在课堂上集中注意力"[1]。

而且，罗斯蒙德发现，施默克老师并不努力去讨学生喜欢，但是她在学生面前明显表现出来的是她知道自己在做什么、要去哪里、想要什么，学生反而能够尊敬她、服从她。

---

[1] 罗斯蒙德. 有效管教指南 [M]. 郭世雄，车宜默，杨木易，译. 北京：九州出版社，2016: 195.

我非常认同罗斯蒙德的观点。我根据多年观察发现，综合表现好、学习风气好的班级的教师基本是具有权威性的教师。好教师与受孩子欢迎的教师之间不一定画等号。有的教师，尤其是刚入职的青年教师时常努力让孩子喜欢自己，但最受孩子欢迎的教师可能是对他们要求不严格、事事迎合甚至放任的教师，但这样的教师根本谈不上是好教师。事实证明，一开始就受孩子欢迎的教师，未必最终成为深受孩子喜欢的教师。

有良好领导力的教师是引领孩子身心健康成长的那个人。有时候，他们明知道自己制定的规则孩子不喜欢，但本着对孩子的学业与成长负责的态度，仍然坚持要孩子遵守。那一刻，他们其实并不是受孩子欢迎的教师，但他们依然会坚守教师的本分，不刻意去讨孩子欢心。

教师在课堂教学中的言谈举止尤其应该流露出领导气势。教师要尊重学生，对学生要有人文关怀，同时，还应该是课堂教学与学生成长的引领者。一个动辄征求学生意见"好不好""行不行""我们先……然后……好吗"的教师，可能很快会失去自己在学生面前、在教室里的领导者的权威。淘气的学生往往会在自己确认这个教师领导力不强的情况下，开始做出各种违纪行为，因此教师不得不与学生斗智斗勇。这意味着教师领导课堂程序失败，进入管理课堂程序。

不在乎学生是否喜欢他们的决定

具备良好领导力的教师，往往有足够的权威性。在教室里，有些领域是可以让学生自主讨论、自行决定的。但在学科教学与班级事务处理中，有些事情必须由教师依据学科特点、教育常识和儿童心理独自做决断，不用征求或者考虑学生的需求。其实，明显能让学生感受到权威与果断的教师，反而会更迅速地吸引学生，甚至让他们产生安全感。他们会知道眼前的教师是一个能让他们学得更好、成长得更好的自信的教师。

有的班级每天打扫教室要花上半小时甚至更多时间。如果教师不在场监督，很可能第二天就看到一间像几乎没有打扫过的教室。这些值日生大多很喜欢这样玩玩闹闹的值日过程，觉得这是游戏，而不在乎会花费多少时间。与此相反，有的教师不管带哪个班级，班级每天的值日工作都能控制在 10 分钟内完成，且保证教室的各个角落都整洁有序。这样有领导力的教师，不在乎学生是否喜欢他们的值日安排，只在乎最有价值的一个方面——让学生用最短的时间优质地完成班级打扫任务。

约翰·罗斯蒙德指出："现如今大多数父母都不符合'领导型父母'的特征……大多数父母都有意地不去做令孩子不高兴的决定。"[①] 我们常常会认为这样的父母溺爱孩子，但如果教师也这么做呢？或许谈不上这样的教师是溺爱学生的教师，但至少是缺乏领导力的教师。要不了多久，学生对这样的教师会渐渐地不再敬畏，从而滋生各种学业问题和纪律问题。

不诉说做教师有多么辛苦

几年前，听到一个老师在教室里对着小学三年级的孩子做长篇演讲，倾诉自己初为人母的辛劳，也倾诉每天晚上把宝宝安置好后自己还要工作的辛苦……我知道这位老师的用意，是希望孩子能理解、体谅老师的压力与劳苦，从而在各方面的表现都有进步，好让她少操一点儿心，少生一点儿气。

美国教师雷夫·艾斯奎斯曾说过，极少有学生理解他所做出的牺牲。他们还仅仅是孩子。教师要能够正视职场与家务的界限、教师与学生的边界。自己有职场压力的时候，可以寻求家人、朋友、同事甚至领导的共情与帮助，既没有必要也没有理由跟学生诉说自己多辛苦。教师不该打着"理解教师"的名义，将自己生活中的消极感受强加在孩子们身上，

---

① 罗斯蒙德. 有效管教指南 [M]. 郭世雄，车宜默，杨木易，译. 北京：九州出版社，2016:196.

也不该要求他们理解教师的遭遇。因为，他们还仅仅是孩子。

小学生是需要教师引领和陪伴成长的儿童，而不是可以分担教师心事、解决生活困难的朋友。如果让学生察觉到"老师在向我诉苦"，其实会让学生意识到"老师希望得到我的理解甚至同情"，那就说明老师在渐渐地失去在学生面前的领导力。

不与学生争吵

一般来说，在孩子健康、顺利成长的家庭里，父母的领导力往往较好。孩子由于年幼，家长有责任替他们管理好童年，这样他们将来才更有能力管理好自己的人生。在这样的家庭里，很难听到父母与孩子争吵。当然不是父母所有的决定都能得到孩子赞同、认可与配合，而是当父母与子女存在意见分歧的时候，父母知道如何避免争吵，尽力去解决问题。

同理，在学校里，学生的学业、人际交往等事宜也不可能完全交给学生自己负责。一个具备专业素养的教师，是有能力、有责任替孩子做有利于成长的决定的。在学生不认可、不服从的时候，教师要尽力避免与学生争吵，而要寻求学生更容易理解的表达与呈现方式，让他们最终去接纳。

在班级里，教师在给予孩子相当程度的自由与民主的同时，也需要适时向孩子展示教师自身的权威，以便给予孩子成长过程中必须具备的安全感。

做一个不偏不倚的教师

看过一份清单，列的是幼儿园孩子到十二年级学生对心目中理想的老师是什么样子的答案。其中一条是"要对所有人公平一致"。如果班上出现"某某是老师最喜欢的学生"这样的舆论，教师就要引起警觉。这种舆论在告诉教师，教师与个别学生的关系有待调整。

不要让学生觉得教师偏爱同学

美国资深教师雷内·洛登给教师的建议之一就是，与学生可以友好相处，但不要成为亲密伙伴。她还建议，教师要知道自己什么时候与学生的关系过于亲密了，究竟与学生保持何等程度的亲密关系，什么时候该与学生保持一定的距离，所有这些都应当由教师来掌控。我认可这些观点。教师在全班面前明显表现出对个别学生的喜欢与欣赏，这对其他学生而言可能是一种伤害，对班级管理而言可能是一种失策。

在一节活动课上，有两个女生非要跟我一起在跑道上散步，而不是和其他小朋友一起玩。她们热衷于跟我聊天，说的话让我吃了一惊。一个女生说："老师，你最喜欢美同学吧？"另一个补充道："对！是因为老师喜欢她，所以才总是请她帮忙吧。"

我一直以为自己很警惕，不偏爱学生。为什么这两个女生会这么想？当学生认为教师偏爱同学的时候，他们会觉得教师是不公正的，那么，对于教师发出的指令，他们就很有可能不会心悦诚服地接受。一旦有更多学生认为教师偏爱个别同学的时候，班上同学之间和谐与平衡的关系就有可能会被打破，更多学生会对教师的指令不愿意听从。

我很重视这个问题，不仅对这两个学生细细解释，后来也抽时间在教室里跟全班学生多次解释："老师之所以经常请美同学帮忙去办公室拿作业本，是因为我觉得美同学个子比较高，力气会比较大。而有些小朋友个子矮，我担心你们搬不动，所以不好意思请你们帮忙。"我也趁机提醒他们："大家记得要好好吃饭哦！个子再长高一些，力气大一些的时候，我也会请大家帮忙哦！"

这样释疑很有必要。不然，有的孩子可能就会想："我也想帮忙抱本子，为什么老师从来不请我？是不是老师不喜欢我？是不是老师更喜欢美同学？"说不定还有疑惑，甚至愤怒："美同学有时候在课堂上讲小话，老师为什么还喜欢她？"

与此同时，我也刻意拉开与美同学的距离，尽量少请她帮忙，尝试请小个子学生甚至淘气鬼帮忙。事实上，很少有不喜欢帮老师忙的学生。教师请学生帮忙的时候，就会给学生传递这样的信息——这个学生非常重要，教师非常关注他。只是要注意：只能请小不点们拿轻便的物品，不要派淘气鬼们去教师视线以外的地方。

不要让学生觉得教师偏袒同学

在有的班级里，学生对班干部意见很大。他们普遍认为在同学之间出现纠纷或者违纪现象的时候，教师对班干部格外偏袒。有的学生会认为教师没有秉公处理，并为此意难平。

"同学之间因为管理和被管理不断发生冲突，恶意地互相伤害，这些问题行为远比违反纪律的行为更为恶劣，更令人担忧。我们必须认识到，学生没有居高临下教育同伴的正当性，即使他们在学业和道德上都非常优秀。"我非常同意徐莉老师在《没有指责和羞辱的教育：小学品行教育实践》中说的这段话。因此我不设立班干部，不给任何学生管理同学的权力。

如果班上同学之间出现纠纷，教师要就事论事，秉公处理，不偏袒任何一方。同样，在学生出现违纪现象的时候，则一律按规则处理，让违纪学生承担相应的后果。不能让学生觉得教师偏袒班干部或者成绩好的同学。

如果教师表现出明显偏袒一个或多个学生，而对其他学生没那么关注或者宽容，就很可能引起其他学生的反感。他们就会因此怠慢、质疑教师的指令，以消极、不配合的姿态来应付教师组织的各项教学活动。

因此，教师平时要努力表现得对每个学生都感兴趣，愿意花时间去倾听他们，尤其是在课堂上关注每个学生。每天当学生走进教室的时候，教师要一视同仁地问候所有学生，要保持同样的微笑。即便是一个平时表现一直很好的学生和一个昨天还严重违反课堂纪律的学生先后进教室，教师问候他们的态度也要保持一致。

要让每个学生都觉得教师对他感兴趣，教师很了解他，这样师生关系才会更和谐，班级纪律才会更好。

不要让学生觉得教师对自己有偏见

每个班级总有孩子时常犯错，经常出现这样那样的小问题、小状况。教师不是去提醒，就是去批评。于是，有的孩子一天会被多次点名。

面对这种点名，有的孩子不以为意，没心没肺地再次犯错；有的孩子就会有抵触情绪，甚至在听到自己被点名时明显愤怒。显然，他非但不认为自己错了，还会觉得教师对他有偏见。这种孩子更难让教师喜欢和认可。

但教师必须面对有不良表现的学生、暂时不能获得成功的学生、不容易受教师喜欢和认可的学生。面对这些学生，教师唯一的选择就是不放弃。

对在课堂上被我多次提醒或者点名的学生，我都尽量在当堂课后直接找他谈话。而谈话的开始一定是谈他的优点，我告诉他："我喜欢你的……"当学生听到自己的优点、长处被老师称赞的时候，他一般会自动调整跟老师之间紧张的气氛。

然后我补充："你不认真听课的时候，我点名提醒你，是怕你漏掉重要的知识，这是我对你的关心。"或者说："你上课的时候总是低头看小说是不对的。但每个孩子都会犯错。每个孩子都是在不断改正自己的错误中成长的。犯错不可怕，面对老师指出的错误，承认并改正就好，下次尽量不再犯同样的错误，没必要生气。"

这样的谈话会促使孩子去反省自己的问题，修正自己的行为，并把它内化为自己的行为准则，而不再认为老师对他有偏见。

教师有时候可以得到丰厚的精神回报，因为帮助任何年龄段的孩子学习新技能、开阔新视野，都是快乐的体验。但是，很多时候，教师满怀热情去教的时候，却发现自己未能激发孩子们的求知欲望。相反，很多时候教师还得沮丧地面对孩子很低的学习动力、涣散的注意力、莫名其妙的厌倦甚至不合作。

教师在与学生平时的相处中，要尽力做到公平公正、不偏不倚，这才是建构良好师生关系，开启优质教学的重要前提。

做一个对儿童心存善意的教师

身为教师，我喜欢"善良"一词远甚于"爱"。有时候，教师对学生的情感与态度，不是一定要到爱那个高度的。爱很宝贵，如果做不到很爱学生，那么，作为受过良好教育的成年人，我们应该对学生多一些善意。

给孩子过一个充满仪式感的生日

有一天，强同学把铅笔戳进了手指缝，略有血迹。为使他安心，我带他去医务室。在去医务室的路上，他突然说了一句："今天是我生日。"我真诚地对他说："祝你生日快乐！等会儿我会请小朋友们给你唱生日歌。""可是，我的同桌也不知道今天是我生日。"我猜这句话背后的含义是强同学愿意让他的同桌以及更多小朋友知道他的生日。

下一节课刚巧是音乐课。从医务室出来，我把强同学送到音乐教室，跟音乐老师说明情况，请音乐老师在教室里奏起生日歌，请孩子们一起为他唱生日歌。站在钢琴前领唱的他脸都红了。

放学的时候，我在跟孩子们挥手道别时，再次提醒："今天是强同学的生日，让我们一起对他说——"

全班孩子大声说："生日快乐！"

这应该是一个特别有仪式感的生日吧？其实，我经常组织孩子们给过生日的孩子唱生日歌。简单的旋律里有丰富的含义：老师关注到他了，老师组织小朋友为他唱生日歌了……

强同学的家长特别感动，后来特意联系我，询问班级里小朋友的人数，准备送给每个小朋友一份礼物。我拒绝了。因为班级里有家庭经济条件紧张一点儿的孩子，我不想让那些孩子有压力。

陪孩子玩一个简单的游戏

在教育现场，我才有机会让自己活得像孩子般天真。

最喜欢每天早上跟飞同学乐此不疲地玩一个游戏。飞同学在开学第一天，就因为整理不好书包对着我大哭，用各种"但是""可是"抵抗他不喜欢的规则。

后来，我们每天早上做一个游戏：他快速地把书包里的书和文具盒掏出来，放进桌肚里，然后故意把他的书包留在课桌上面。接着，他就会悄悄地走到我身边，拉我的裙角："老师，你开始数数吧。看你数到几，我才能把书包挂到椅子背后。"我一定非常配合："好的。我开始数数了啊！"他就狡黠一笑，飞一般把书包挂到椅子背后。我就夸张地瞪大眼睛，说："哇！你太坏了！你骗人！你真是个小骗子！"

每次听到我这么说，"小骗子"都会乐得连眼都睁不开，而且，不厌其烦地天天要来一遍。当然，他一定是以最快的速度整理好他的书包，再也不为整理书包而跟我闹腾了。

在那一刻，在这个"小骗子"面前，我俨然是个和他一般大的孩童，不用强行要求他配合，而是陪他玩一个小游戏，让他在游戏中完成应该做的事，也就达到了遵守规则的目的。

准备一些止痒"神器"

教室在底楼。我买了花露水，每天早上，都会在教室各个角落喷洒。额外再给早到的孩子小腿上单独喷洒一些。即便如此，有的孩子还经常出现被蚊虫叮咬的大包、小包。我带了芦荟胶，悄无声息地给他们涂抹。

刻意做到悄无声息，是不想让没被蚊虫叮咬的孩子注意到。即便如此，还是有更多的孩子以各种理由要求喷洒花露水或者涂芦荟胶。有的是在草坪上滚过了有些痒，有的是不小心摔跤了，有的是被同学手里的东西擦到了，有的是头天晚上没洗澡，有的是衣服上的商标划到了皮肤……总之，千奇百怪的理由。

他们哪里是为了涂抹芦荟胶或者喷洒花露水，只是为了得到老师的关注吧？

我不得不给家长发信息：是否有孩子对花露水、芦荟胶过敏的？以确保孩子的人身安全。

推迟说"没关系"

一个孩子跑过来告诉我："乐乐哭了！"

我找到并抱起哭得满脸是泪的乐乐同学，还没有开口询问，惹事的明明同学就冲过来，大声喊："对不起！我不应该推你！我不是故意的！"

乐乐继续边哭边描述自己被推后的各种惨状。我不停地点头："你被推倒了。你心里很不高兴。我能理解。"

他的哭声渐渐减弱，我才敢加一句："你想想，明明是故意欺负你的，还是不小心推倒你的？你能分辨吗？"

他犹豫了一下，答："他应该不是故意欺负我的。"

"真聪明！能够判断他是不是故意的。他不是故意欺负你，只是他个子高，力气大，一不小心就把你推倒了。他已经道歉了。你能原谅他吗？"

乐乐毫不犹豫地说："老师，我感觉现在我还没有办法说没关系。"

我尊重他："好的。你不用现在就原谅他。不过呢，毕竟你是个男子汉，可以不那么柔弱的，所以你可以不哭了。你可以留在我身边玩，我会保护你；你也可以去和小朋友们玩。"他在我身边磨叽了一会儿，就欢快地跑向草坪了。

孩子们要的不是正误、输赢，而是自己被老师看见。当老师对他们及时共情，理解他们的情绪，当他们有了被老师看见的感觉，他们才可能不计较，去原谅。

这一切是爱吗？我觉得是善意，是一个成年人对一个儿童应该有的温情与善意。

诗人辛波斯卡说："只要你是善良的，就会持续年轻。"所以，善待儿童吧，这会让我们的心灵持续年轻。

彼此的模样

那年 5 月 20 日晚上，我一气呵成完成一篇文章《爱》，并发在自己的微信公众号上，引来众多粉丝点赞及转发。

其实那只是一篇很简短的散文，引用了诗人罗伊·克里夫特的诗《爱》，记录了我在这一天和孩子们的各种小互动。我想，或许是那个有趣的日子，和罗伊·克里夫特美妙的诗句，打动了同行吧？又或许是因为"爱"这个字？

身为教师，我们中的大多数都觉得自己是爱学生的，觉得因为自己的存在而让学生的学校生活阳光而愉快。然而，在我们的教室里，依然有对教师失望的学生，甚至有因为教师而觉得在学校生活无比痛苦的学生。那么，为什么学生看不见、感受不到教师的爱呢？

"我爱你，不光因为你的样子，还因为，和你在一起时，我的样子。"这样的诗句真是令人深思。如果爱对方，自然会喜爱对方的样子；但如果不爱自己在对方面前的样子——多疑的、自卑的甚至是容易受伤的，那么焦虑与痛苦就会远甚于爱的甜蜜。同样，教师常常声称自己爱学生，那么，是否接受并喜欢自己在学生面前的样子呢？如果经常对学生生气，经常在学生面前情绪失控，甚至有伤害学生心灵与身体的言行，即便教师反复声称"我是为你们好"，学生能否感受到并相信教师是爱他们的呢？

爱是要让学生看得见的。教师对学生的爱，并不是仅仅靠着教师的口头抒情，就可以传递到学生那边的。很多时候，学生需要的是教师在面对他们时能够理解并接纳他们的态度，哪怕这个教师从不对他们抒情"我很爱你们"。

我也喜爱黎巴嫩诗人纪伯伦的那句诗："所有工作都是空洞的，除非有爱。"

教师面对学生的时候，应该让学生看见你的爱，不然，再多的爱，也是空洞的。我们应该把爱学生的情感变成看得见的态度、策略和技巧，这样才能建立起良好的师生关系。

我开始思考：关于教师对学生的爱，关于把爱变成看得见，关于师生关系，然后整理并记录自己的思考。

在拙著《让学生看见你的爱》中，那篇《爱》作为序言收入书中。很多读者给我留言或者来信，说这篇序言就让他们分外感动。我觉得，能打动读者的，可能是文中提到了一个之前少有人提及的角度——教师是否喜爱自己在学生面前的模样。

有的教师在同事面前温和有礼，但到了教室里，真的会面目全非。那种犀利、刻薄甚至歇斯底里的模样，并不是偶尔为之。很多时候从教室出来，他们心力交瘁，跟同事讲述自己发火的各种缘由时也一脸沮丧，溃败感十足。他们不见得会喜欢自己在学生面前的模样。

在整理书稿的时候，我找了三个主题。

教师在学生面前究竟应该是什么样的

我总觉得，教师就该有教师的样子，而不是妈妈或者朋友的样子。教师不是抚育学生长大的亲人，也不是陪伴学生玩乐的伙伴，而是具备高度职业素养的、陪伴与引领学生心智成长的专业人士。

有的教师忽略了跟学生交往的边界，一不小心就让自己的身份模糊起来。这样做会让学生对教师失却敬畏心，甚至常常意气用事。教师在苦恼学生对自己不够尊重、不愿意配合的时候，其实更该反思一下自己在学生面前的角色定位是否妥当。

拙著不少文章中有很实在的建议，回答了教师在学生面前究竟应该是什么样子的，并结合具体的情境或者案例，进行具体分析。有时候，有的教师不知道为什么，当然就更不知道怎么办，最后自己身心俱疲，也找不到突破口。我们只有去察觉并承认问题所在，才有可能解决问题。

教师怎样让学生看见你的爱

每年关于师德的演讲中，常常听到动人的故事。教师为了教学，为了比赛，顾不上自己的孩子与父母的事，也时常听闻。但事实上，放弃为人父母、为人子女的义务，一心扑在工作上，也许能令领导感动，却不一定能让学生感动。教师要的班级平均分、优秀率、文明班得分，也不是很多学生在意的。教师越是在意这些，也许就越难让学生感受到教师所谓的爱。

教师只有真正秉持儿童立场，真正以促进学生身心健康发展为己任，在尊重学生的前提下，对学生表达出关心，学生才能够感受到教师的爱。爱是需要用行动表达的，要让学生看见教师的爱，教师就该用具体的行动表达出来，并用学生可以接受的方式准确地传递出来：不轻易对学生生气，不辜负学生的爱与信赖，看得见学生的善意和美德，努力让自己成为学生成长的优秀范本……

如果没有尊重儿童的具体的人文关怀和行动，哪怕天天抒情"我爱我的学生"，也许只是教师的自我陶醉。

教师想把学生培养成什么模样

目前，高考仍是我国选拔人才最重要的渠道，高中阶段，教师比较重视学生的考试成绩我们能够理解。但如果在小学阶段，教师就让学生将取得高分作为唯一目标，就很可怕了。

有的教师为了让自己执教的班级在年级里足够优秀，侵占学生课余时间和回家休息时间，布置大量作业。当然，让学生在作业上花费较多时间，大多数情况下的确能够比较明显地提高学生的学习成绩，从而达到提高班级平均分、优秀率和年级排名的目的。但是，如果教师长期以此为目标进行教学，最后就不免让学生沦为考试机器，而且他们能够自动识别教师是不是在以分数论学生，并为之雀跃或沮丧。雀跃的孩子也许会保持对取得高分的兴趣，却有可能忽视发展其他能力；沮丧的孩子则不仅目前生活在班级的灰色地带，还可能因为教师的分数至上而彻底否定自己，失去成长的快乐。

厌学这种现象与教师忽视儿童身心特点布置大量作业的情况是紧密相关的。至少在小学阶段，教师可以不把分数看成考量学生发展的唯一标准。教师应该注重提高学生的学业成绩，但这应该基于教师对教材的准确把握、对教学重点难点的准确辨析，并以减轻学生的负担为前提，避免搞题海战术。

在小学阶段，教师尤其应该重视学生作为人的全面发展与成长，不应该只剩下分数。要培养学生的阅读能力、人际交往能力、轻声说话的习惯、责任意识……让孩子在童年的时候像个孩子，也让他们在童年里学习并提高这些未来人生必备的能力。

教师是否让学生看见自己的爱，是否重视学生作为人的成长，在某种程度上决定了教师在学生面前的模样以及学生的样子。

做一个让学生"观之可亲""见之忘俗"的教师

我的朋友里有很多非常优秀的教师,她们时常在微信朋友圈中发布自己的各种状态:工作中的、生活中的、学习中的。我最喜欢其中三位女教师,她们是杭州的郑英老师、郑州的李迪老师和上海的顾文艳老师。我爱看她们发的各种照片与文字。郑英老师美丽、精致,将办公室布置得舒适、优雅,教室时刻保持整洁、亮丽。她还做得一手好家务、一手好菜,每餐的摆盘也十分讲究。李迪老师古典、优雅,是音乐教师,早读《孟子》,午诵《诗经》,还报考了心理咨询师和健康管理师,每天晒出来的健康早餐让人垂涎欲滴。顾文艳老师温婉、谦和,热爱花草园艺,家里的小花园一年四季芬芳宜人。读书之余她爱在静夜里练书法,字迹飘逸、潇洒。她们三个都是在专业上很厉害的教师:特级教师、正高级职称、不断被邀请做讲座……

但她们最厉害之处,不是这些外在的荣誉与职称,而是她们全是让学生发自内心信服的好教师。淘气的学生,在她们面前,都不敢冒失、唐突。她们是那种真正让学生"观之可亲""见之忘俗"的好教师。

《红楼梦》第三回,黛玉初次进贾府,老祖母抱着她痛哭之后,命她见过家里的几个姑娘。黛玉一时来不及分辨同时相见的三位贾府姐妹,只记得一个"观之可亲"(迎春),一个"见之忘俗"(探春),一个"形容尚小"(惜春)。初读《红楼梦》,当时自己也形容尚小——不过12岁,却把"观之可亲""见之忘俗"一直记在心间。我觉得女子最美好的状态就是让人"观之可亲""见之忘俗"。后来我成为教师,认为这是自己应该具备的专业形象,并朝着这个标准不断修炼。

做一个让学生观之可亲的教师

要让学生观之可亲，教师当然要注意自己的形象与言行举止。学生是否觉得教师可亲，与教师的长相并没有直接关系。他们更在乎的是教师是否让他们觉得温暖、能靠近。

衣着与仪容要洁净、得体。其实，大方、干净的衣服，都适合教师，只要不过分暴露，不过分紧身即可。女教师愿意的话，化个淡妆、涂点儿口红则更妙了。我觉得教师要特别注意自己的鞋和头发。有的教师因为工作忙碌或者生活琐事繁多，皮鞋上常常落一层灰，运动鞋脏得看不清本来的颜色，头发几天不洗。这样的形象是很不符合教师身份的。有些孩子卫生习惯差，教师就更应该向他们展示洁净、美好形象的魅力。教师应该耐心地帮助这些孩子建立起个人卫生标准，然后一点一滴去教会他们如何去保持个人卫生。

要主动对学生微笑。有时候听完公开课，听到学生小声评价："今天有别的老师来上课，我们老师终于在课堂上对我们笑了。"也听过朋友家的孩子说："老师平时从来不对我们笑，在公开课上的笑让我觉得好假、好虚伪。我觉得好不习惯。"这些评价的背后是学生对教师微笑的渴望。对于只会在公开课上对学生微笑的教师，学生是不会感受到教师的温情的。我很喜欢对着学生微笑，觉得微笑的自己才有可能是学生喜欢的模样。每天早上遇到学生，我经常微笑着和他们抢着打招呼："早上好！"放学的时候把他们送到校门口，一定会跟他们微笑着挥手："大家再见！明天见！"

有一次，我对一个年轻老师说，我送 5 班的孩子放学，回到教学楼，在楼梯上遇到 6 班的孩子。我对着他们用力挥舞双手，微笑着不停地说："大家再见！周末开心！"直到长长的队伍从我身边全部走过。这居然让那个年轻老师深深反思，深觉"感动、惭愧"。

能因为自己的错误主动道歉。"人非圣贤，孰能无过"，教师当然也会在工作中犯错。也许是学科知识上的失误，也许是处理学生问题时方式欠妥，也许是跟同事合作时工作疏忽……犯错不可怕，可怕的是当着学生的面强词夺理，推卸责任。这样如何能够教会学生及时、主动地道歉呢？若批评错了学生，我一定主动当众道歉："对不起！刚才我错怪你了！我向你道歉。"上课准备的课件打不开，也向所有学生道歉："对不起，老师准备工作做得不充分，没有提前来教室试试能不能打开课件。耽误大家的时间了，我很抱歉！下次一定注意！"放学的时候没有关好窗户，晚上下雨，导致语文老师放在窗边的作业本湿掉了，我当着全班学生的面向语文老师道歉："对不起，是我粗心，没有检查教室的窗户是否关好，害得你们的作业本全湿了。我来用餐巾纸擦，拿到外面去吹风，希望能尽快干。"我不去追究头天晚上是哪个值日生负责关窗，也不去把他拉出来批评教育，而是自己主动承担责任。文明的行为（及时、主动地道歉），是需要用文明的方式去影响、熏陶的。

恰到好处的肢体接触。教师对待不同年龄的学生，可以保持恰到好处的肢体接触。对幼儿园、低年级小朋友，教师在表示祝贺、鼓励、安慰的时候可以结结实实地拥抱他们。对渐渐进入青春期的中、高年级学生，教师可以搂一下肩膀，轻拍一下脑袋，表达一些赞美。对处于青春期的初中生、高中生，击掌、握手都很合适，既不会太亲密，也保持一点连接。我的学生在一二年级的时候，很喜欢抱我，还喜欢用头在我衣服上蹭来蹭去，说："老师，你好香啊！"（因为我喷了点儿香水）我经常蹲下来跟他们聊天——保持我跟他们的视线在同一水平线上。中年级以后，孩子们很少主动抱我。他们在家里也很少跟父母拥抱。这个年龄段的孩子，教师如果再去拥抱他们，反而会令他们感觉不自在。我会时不时来几个摸头杀或者拍拍肩，跟他们个别对话时也会注意弯腰。

做一个让学生见之忘俗的教师

要让学生见之忘俗，教师自然要有文化人该有的风度。教师要让学生感受到教师不庸俗、有品位，要让学生觉得教师喜欢阅读、能持续学习，要让学生知道教师善于享受美、创造美。

要多读书。有人说，三日不读书，便觉言语无味，面目可憎。美国总统林肯说过，一个人要为自己 40 岁以后的长相负责任。古今中外，很多名人名言都在验证"腹有诗书气自华"。当然，"气自华"只是读书的副产品，是"腹有诗书"后水到渠成、自然而然的结果，而不是读书的出发点，更不该是刻意追求的目标。

要丰富自己的精神世界。教师的世界里不应该只有教科书和学生的成绩，而应该有更丰富的一面。除了看书，运动、旅游、看电影、种花、书法……教师应该有能够让人感受美，或者能够创造美的业余爱好。一个在工作之余潜心去享受美、创造美的教师，自然有丰富的精神世界。

管理班级要有格局。班主任经常面临班级常规管理分数的得失问题。教师不要把"这样做班级会被扣分"的警告挂在嘴边，那样培养不出大气的公民。教师应该真正去指导学生养成对他们一生有益的良好习惯。比如，保持课桌整齐，保持地面干净，进餐时要让自己看起来优雅，在合适的时间做合适的事……学校里所有检查的目的绝对不是追求班级常规管理的分数，而是提醒教师去帮助学生养成良好的行为习惯。一个有格局的教师会意识到这一点，不会成天拿扣分说事。

与学生的互动要有边界。有的教师上课的时候，忍不住向学生诉苦：每天要上多少节课，要批多少本作业，回家还要做家务，带宝宝。学生不是教师的朋友，他们可能目前不能理解教师现实生活中的压力和愁苦。还有的教师上课的时候，忍不住炫耀自己的孩子多优秀。我就多次听到学生说很反感教师每次上课提好几次自己的孩子。类似话题都是逾越师生关系边界的，教师的个人生活状态不该进入师生的话题中。

每个教师都是受过良好教育的成年人，都该是真正意义上的文化人。每个教师也该展现出他这么多年读过的书、走过的路。教师就该是那个卓尔不群的专业人士，在学生面前，就更应是让学生观之可亲、见之忘俗的成长范本，学生也会因为愿意亲近教师而想成为更好的自己。

愿你做一个"眼里有温情，行事存敬意"的教师

亲爱的小伙伴：

我知道你刚入职，心里有一点点奇特的感觉。我自己当新手教师时的青涩模样犹在眼前，一转眼，那些指导过我的前辈陆续离开了讲台，回家颐养天年了，而身边不断冒出一茬一茬像你一样非常年轻、活力四射的同事。事实上，我真的还没有进入老教师的角色，觉得尚不足以成为青年教师的范本，觉得自己的成长是那么仓促与慌张，自己的提升空间仍然有那么大……

我工作多年，仍然喜爱向上生长，你也一定是吧？

也许你要问：身为老教师，你追求的向上生长是指什么呢？更高的职称、更多的荣誉、更丰厚的学术成果吗？……真的都不是。我只希望自己是一个眼里有更多温情，行事存更多敬意的教师，可以更好地陪伴学生成长，享受更多的职业幸福。

所以，我很希望年轻的你也能够成为一个"眼里有温情，行事存敬意"的教师。

教师应该对学生充满温情与敬意——温情是爱，敬意是礼，皆来自人心。

愿你是个眼里有温情的教师

如果你是一个眼里有温情的教师，不管你离学生多远，只要你站在那里，学生就会觉得安心、踏实，甚至想靠近你。对你执教的科目，他们会格外感兴趣，特别想好好学，取得好成绩。这是不是听起来很美妙、

很神奇？

这是可以修炼的。

要对学生心存善意。 很多年前，我见过糟糕的一幕：两个女教师戏弄一个同事的孩子——当时那个同事不在。那是个雨后的阴天，地面上各种坑坑洼洼。她们对那个孩子说："快去踩水坑！多好玩啊！"那个孩子不过是个幼儿园小朋友，听后直接用力去踩水坑。孩子的鞋子、裤子都湿了，他快乐地咯咯笑。两个女教师一边冷冷地笑，一边议论："让他踩还真踩。真傻！"我永远都忘不了那一幕。我看不到她们身为教师对儿童该有的善意。无论那个孩子是自己喜欢还是不喜欢的人的孩子。我由此推断，她们对自己班上不喜欢的学生也可能会有各种不善的言行。

我们的教室里，坐着我们一眼望过去就可能会喜欢的学生——他们衣着整洁，学习认真；但也坐着我们看了又看后可能很难喜欢的学生——他们个人卫生很糟糕，不好好听课，总是完不成作业……这些都是他们的错吗？不是。即使教师心里很难喜欢这样的学生，但也不该在言行上表现出来。

要克制对学生的偏爱。 你不能表现出喜欢某些特别可爱的学生。如果你不是教师，不是陪伴儿童成长的专业人士，那是没有关系的。然而，你是教师，你就要克制对某些学生的偏爱。你可以赞美一个学生的努力，表彰他经过努力获得的成绩。这都是激励其他学生向上的教育资源。但你不要表露出喜欢一个学生的容貌、气质，不要称赞他雅致的物品，那会伤害其他学生，也会影响那个被你偏爱的学生的价值观。

不嫌弃，不偏爱，多对学生微笑，你的眼里自然就有温情。

愿你是个行事存敬意的教师

如果你是一个行事存敬意的教师，你就会对学生的生命成长存有敬意，就会看得到个体之间的差异。对不同成长阶段的学生，你就能始终秉持教师的专业姿态，心平气和地去引导，去陪伴学生。

这也是需要自己不断去修炼的。

要擅长情绪管理。有的教师很容易因学生的各种错误生气，甚至情绪失控。这意味着教师对自身没有正确定位，而且情绪管理的能力很糟糕。学生不是机器上的零部件，不可以按你的意愿与标准去组装。教育最终不可能出炉一个个永远不出错、品质无差别的学生。

每个人都有自己的生命密码。你面对的学生虽未成年，但也是独立的个体。你要多观察、多探究学生出错的原因究竟是什么，然后去帮助他们。生气不能解决根本问题，学生不会因为教师生气就再也不犯错误了。你得多了解学生的年龄特点与心理特点，你得学会如何把话说得让学生听得懂，并能做得到。

要遵循教育常识。每个学生的学习能力不同，你要允许学生在学习上存在差距。你要尽力去帮助学习能力弱的学生提高成绩，但是要用温和的、友好的态度。教育一定是吸引学生向上、向善、向美的。教师不应该让学生背负"拉低班级平均分"的压力。

对于课堂上不认真听讲的学生，你要会判断他们是注意力不集中，还是已经懂了，并在教学中有意识地留出一些学习空间给予那些已经懂了的学生。

不要罚写作业。一般来说，被惩罚做的事情，都没有办法激发学生的兴趣。罚写作业不会巩固知识点，只会让学生厌学。

要多把学生往好处想。不要老担心学生会做违反规则的事。事前要多强调规则，学生违反规则后可以批评教育学生，但更该自我反思："我指导规则是否到位？"不该把学生往糟糕的方面去想，然后做出各种不信任学生的行为。

你越是相信学生，学生才越可能变得越来越好。如果你总把学生往坏处想，那么每个学生都是有可能犯错误的孩子。如果你成天担心学生会破坏规则，他们就有可能特别想去违反各种规则。

当学生说"做了家庭作业，只是没有带"时，你可以不去验证他的话，不去给他贴上"非但不做作业，还撒谎"的标签。你可以说："好的。你明天把家庭作业带来。如果明天不把作业本带来，我就给你一个新本子，请你把作业重做一遍。"你只是给他一天时间，给他一个机会。很多学生会因为这样一个机会，选择不辜负教师对他们的期待，会在第二天把作业补交上来。

当学生说"读了口语作业，也录音了，只是爸爸妈妈没有发给你"时，你可以不在第一时间就去联系家长，义正词严地教育家长。你可以说："好的。那你今天回家再读，我很期待今天晚上听到你的声音哦！"我深信，你当晚真的会收到那些学生的口语作业。

遵循学生的成长规律，尊重他们的个体差异，多把学生往好处想，你行事时自然处处存敬意。

亲爱的小伙伴，做教师很难。在教育现场，很多时候，你要非常坚定，知道自己应该坚持什么，应该做什么；很多时候，你可能会很孤独，不确定应该怎样处理一些事情。请你别太担心，只要你始终抱持理想——做一个眼里有温情，行事存敬意的教师，你自然会遇到很多精神境界相似的伙伴。他们会与你交流，分享经验。你们可以彼此敦促，结伴前行。

温情可外显，敬意存心间。愿你我一起做眼里有温情，行事存敬意的教师！

——— 附录 ———

我的爱要让学生看见

王莉：家庭教育指导师，独立教育观察者，北京师范大学教育学硕士。著有《童年可以如此美好：家教八部曲实践篇》《陪伴的力量：王莉教育观察100例》《书香润童年：王莉亲子共读实践》等。

王莉：您是英语老师，我们先来聊聊英语学习方面的问题。您是否认为有些孩子有天赋，可以事半功倍；有些孩子的确学得比较困难？对这些英语学困生您有何学习建议？

沈丽新：哈佛大学的霍华德·加德纳教授提出了多元智能理论。该理论告诉我们，每个人的智能是不同的。有的人在语言、逻辑方面的能力比较强，这样的人学习语言就比较轻松，也许就是有天赋。学得困难的孩子，还是得多花一点儿时间，多更换、尝试不同的学习方法，慢慢去寻找适合自己的学习途径。家长要多鼓励孩子，和孩子一起成长。

王莉：我读过您的《英语可以这样教》，很欣赏您的教学方法。如果孩子能够遇到您这样的英语老师真是幸事。反过来，如果孩子遇不到您这样的老师，家长可以做些什么？

沈丽新：谢谢您的欣赏。我的确记录那些有效的、成功的做法比较多，错误的、失败的做法记录得比较少。外行大多数时候只是隔岸观火，可能会美化我的存在与意义。但我清楚自己是谁，我就是一个普通的英语老师。所以，孩子遇到的英语老师，一定有比我做得更好的地方，也可能有做得不如我好的地方。家长持平常心即可，别把孩子的成长全都寄望于学校和老师。家长需要随时了解孩子在学习和成长过程中需要补充及纠正的地方，这才是真正的陪伴。

王莉：您当一线老师 20 多年了，您有何心得可以与一线老师分享？

沈丽新：我希望每个做教师的人，每天都是心情明亮地走进自己的教室，走到孩子们面前。这一天中也许你会因为孩子的不良表现而生气，但至少早上你走进教室的时候，是愉悦的、阳光的。如果每天走进教室的时候，你都心生厌烦甚至恐惧，我建议你深入思考一下：你是否真的适合做教师？是否换一种职业会发展得更好？

王莉：您如何面对与解决教育中理想和现实的一些冲突？

沈丽新：我写过一篇文章《时常妥协，始终坚持》。我常常是妥协的那一个，会放弃一些我认为不重要的东西。这样也许会损害自己在现实意义上的利益，但会让我多了一些自由与空间，并有力量坚持做一些我认为对学生而言是美好的事情。

王莉：我读过您的《让学生看见你的爱》，感觉得到您对学生满满的爱意。您为什么能够做到那么爱学生？能一视同仁地爱吗？

沈丽新：我不认为我比别的教师更爱学生。有时候，我甚至是吝啬用"爱"这个字的。我更愿意解读、定义"师爱"是一个受过良好教育的成年人，对儿童应该有的理解。我希望对自己的学生能够做到同一程度的理解。但是我经常同时教 3 个班级约 160 名学生，这很难做到。

王莉：作为老师，您怎么教育自己的孩子？您在教育孩子的过程中遇到过最麻烦的问题是什么？当时您是如何化解的？您孩子现在处于人生的什么阶段？您觉得一个人怎样算成功？怎样算幸福？您对家庭教育有何建议？

沈丽新：说实话，虽然我自己是老师，但是在教育自己孩子的过程中，也是一路跌跌撞撞的，犯过各种错误。但幸好，我一直在学习，努力做更好的自己，做更好的家长。我觉得，只要愿意学习，每个父母都能成为好父母。

孩子小时候，我给予最多的就是陪伴。陪她一起阅读，一起成长。她初一那年是我们彼此深感痛苦的一年。她的考试压力与青春期的疼痛，我无力分担，只能眼睁睁观望。孩子如今在澳大利亚留学。我们达成的协议是：如果她愿意读到博士，我们会给她提供学费与生活费。她若哪一天不读书了，就从哪一天开始自己养活自己，若住在家里要上交生活费。做一个能够自食其力的公民，这就是成功。而幸福就是，孩子喜欢自己的职业，这份职业能够让孩子获得愉悦的体验，并保持生活质量。

对于家庭教育，我认为家长要给孩子提供有质量的陪伴，自己不断成长。

王莉：20 多年的教师生涯中对您影响最大的人是谁？请说说其中的故事。

沈丽新：我写过一篇文章《幸好您在》，收录到《优秀教师的成长：关键人物》一书中，记录了童年时候的班主任、工作以后的校长朱伟康老师。

在职业旅途上对我影响很大的还有一位校长，她是我之前工作过 7 年的石梅小学的校长顾泳女士（现在她任江苏省常熟市教育局副局长）。她大气，书卷气浓郁。因为太看重她、太喜欢她，所以特别愿意成为她眼里的好教师。每次有她在场的全校教师大会，我都会用笔记录下她如散文般蕴含哲思的发言，记录她对教育的感悟与理解，用心体察她对教师的要求，然后不断敦促自己去成为那样的好教师。

另一个重要他人则是我亲爱的女儿。在伴随她成长的过程中，我能更好地理解儿童，理解童年。

王莉：请推荐一本您最有感悟的书，说说您和这本书的故事。

沈丽新：《红楼梦》。它一直在弥补我原生家庭教养的不足。我写了《人生那么漫长，就是用来自我教育的啊》，发在自己的微信公众号上，描述了阅读的细节与感悟。

少年时候看的书基本是文学书，后来看教育学著作，这几年看心理学著作，都给我很大的滋养。我很感谢阅读，它让自己更有力量。

王莉：您是位笔耕不辍的教师，在繁重的教学任务下您如何保证读书、写作的时间与心境？您的写作灵感从何而来？

沈丽新：我常常敦促自己，尽量在学校完成所有工作，不把工作带回家。我喜欢把业余时间用来阅读与记录。我不认为自己在写作，只是在记录，记录自己的课堂，记录自己的学生，记录很多细节，记录自己的思考。白天的工作时间，我一直在输出。如果没有晚上的阅读，我的能量保持不了平衡，而且会很快枯竭。而记录则是内化以后的输出，它会敦促我更好地阅读。

及时记录是我少年时养成的习惯。小时候内心寂寞而忧郁，习惯把所有心事都写入日记中。做了母亲后，改成写孩子的成长日记。后来记录教育现场的感悟，也始终定位于记录。晚上忙完工作、家务后，就读一点儿书，记录一点儿当天的所见所闻、所思所想。

王莉：您如何规划自己接下来的职业生涯？

沈丽新：其实，我一直是非常散漫的人，没有理性的职业规划。现在和将来，我都只是一个普通的小学教师，没有想过离开这个岗位。如果一定要问我接下来的职业生涯规划，我想只有一点：希望自己理解儿童的能力更强。

（原载 2019 年第 12 期《今日教育》，收入本书时略有删改）

图书在版编目（CIP）数据

温和坚定做教师 / 沈丽新著 . -- 北京：中国人民
大学出版社，2022.11
ISBN 978 - 7 - 300 - 31104 - 3

Ⅰ.①温… Ⅱ.①沈… Ⅲ.①小学生—素质教育—研
究 Ⅳ.① G621.6

中国版本图书馆 CIP 数据核字（2022）第 191343 号

温和坚定做教师

沈丽新　著

Wenhe Jianding Zuo Jiaoshi

出版发行	中国人民大学出版社	
社　　址	北京中关村大街 31 号	**邮政编码**　100080
电　　话	010 - 62511242（总编室）	010 - 62511770（质管部）
	010 - 82501766（邮购部）	010 - 62514148（门市部）
	010 - 62515195（发行公司）	010 - 62515275（盗版举报）
网　　址	http://www.crup.com.cn	
经　　销	新华书店	
印　　刷	北京华宇信诺印刷有限公司	
开　　本	720 mm × 1000 mm　1/16	**版　　次**　2022 年 11 月第 1 版
印　　张	12.75　插页 1	**印　　次**　2024 年 3 月第 3 次印刷
字　　数	170 000	**定　　价**　58.00 元